ソーシャルスキルトレーニング

基本のQ&A

ソーシャルスキルという言葉は聞いたことがあっても、
どんなものかイメージしにくい人もいます。
そこで、初めての人が気になる項目を、
Q&A形式で紹介しました。
トレーニングに入る前に確認しておきましょう。

Q1 そもそも ソーシャルスキルって何？

A 人間関係を築いたり、人と上手にかかわったりする「技術」のことです。

ソーシャルスキルは
後天的に身につくもの
人間関係にかかわるすべての技術のこと
人とのかかわり合いの中で身につくもの

ミニ解説

ソーシャルスキルは、人間関係にかかわるすべての技術のことです。初対面の人にあいさつをしたり、表情や言葉、しぐさなどから相手の気持ちを察したり、人が受け取りやすい言葉で、自分の気持ちを伝えたり。これらすべてがソーシャルスキルです。生まれつきソーシャルスキルを身につけている人はいません。だれもが皆、人とかかわり合う中で、経験しながら後天的に獲得していきます。子どもにとって学校は、同級生や異年齢の子ども、教師など、大勢の人とかかわる場所です。ソーシャルスキルの基礎を築く場として、最も影響のある場所の1つともいえるでしょう。

→ 詳しくはP 20～23へ

Q2 なぜ今学校でソーシャルスキルトレーニングが必要なの？

A

人とのかかわり方をよく知らずに育った子が増えており、経験を補う必要があるからです。

ミニ解説

今、突然キレたり、簡単に相手を傷つけたりする子どもが増えています。それは、子どもの本質が以前と変わったわけではなく、感情をコントロールしたり、相手の気持ちを察する「スキル」を知らない子が増えたためです。今の子どもたちは、少子化で「仲間」が少なく、塾などで遊ぶ「時間」も減り、また、都市化で遊べる「空間」も減っています。この「三《さん》間《ま》が少ない環境」で育っているため、友達とけんかをし、仲直りをするといったスキルを学ぶ機会がないのです。それを補うために、学校でのソーシャルスキルトレーニングが今、注目されているのです。

→ 詳しくはＰ 20 ～ 23 へ

Q3

この本のトレーニングは なぜ3～6年生向けなの？

A

心理が発達し、
より人間関係が複雑に
なっていく年齢だからです。

ミニ解説

子どもの心理は、3年生くらいから少しずつ複雑に発達していきます。1～2年生のころは、担任教師の存在が中心であり、教師の「やってはいけない」ということを基準に、「よい・悪い」の判断をしています。しかし3～4年生になると、教師よりも仲間との結びつきが強くなり、教師に内緒でグループをつくり、友達とのルールを第一に考えるようになります。さらに5～6年生になると、仲間も大切、自分も大切というところで思い悩み、葛藤するようになってきます。そこで本書では、心理の発達、友達との関係が複雑になる、3～6年生に焦点を当てた内容にしています。

→ 詳しくはＰ 28 ～ 29 へ

Q4 トレーニングには、どんなものがあるの？

A 決まりはありませんが、
この本では、トレーニングを
「４つのスキル」に分けています。

ミニ解説

ソーシャルスキルには、決まったトレーニング内容はありません。そこで本書では、紹介するトレーニングを、『友達をつくるスキル』『相手の気持ちを考えるスキル』『自分の気持ちを伝えるスキル』『感情をコントロールするスキル』に分けて紹介しています。人は、初めて出会った人とあいさつを交わして関係をスタートさせます。そして、その人の気持ちを受け止め、そのうえで自分の気持ちを伝えて関係を深めていきます。その過程では、自分の感情をコントロールしなければならない場面も出てくるでしょう。本書は、その流れを意識した「4つの分け方」になっています。

→ 詳しくはＰ 30～39へ

Q5

どんなふうに
授業を進めるの？

A

はじめてでもやりやすい「４つのプロセス」で進めます。

ミニ解説

ソーシャルスキルトレーニングの授業も、基本的には国語や算数などと進め方は同じです。その日に学ぶテーマを子どもたちに伝え、それに関連した話題で興味を持たせます。そして、教師が身に付けさせたいスキルの手本を見せて子どもたちが実践（練習）します。ソーシャルスキルは正解のない内容なだけに、授業を難しく感じる方もいるかもしれません。そこで本書では、上記の流れを4つのプロセスに分け、かける時間の目安も入れました。すべてのトレーニングに、この4つのプロセスを入れていますので、最初はそれにそって行うと授業を展開しやすいでしょう。

→ 詳しくはP 40～43へ

Q6 1対1でなく

クラス全体で行う意味って？

A 子ども同士で影響し合うため、クラス全体の「スキル」が上がります。

ミニ解説

ソーシャルスキルトレーニングは、発達障害のある子どもと、教師が1対1で行うものでした。しかし近年では、障害のない子どもでも人間関係をうまく築けない子が増えているため、クラス全員で行うソーシャルスキルトレーニングが注目されています。クラス全員に同じように効果が出るとは限りませんが、例えば**クラスで2～3人の子に「おはよう！」と笑顔であいさつをするスキルが身につけば、言われた側でも同じように返す子が出てくるので、お互いに影響して身についてきます。**クラスで行うことで、まずは個人が変わり、やがて集団が変わっていく姿が見られるでしょう。

→ 詳しくはP 22 ～ 23へ

Q7 最も効果的な授業の進め方って……？

A 単発でもできますが、できれば１か月に１度、定期的に行うのが効果的です。

ミニ解説

本書は、どのソーシャルスキルトレーニングからでも行えるようになっています。例えば、クラスで乱暴な言葉が飛び交っているようなら、言葉の影響力を考える『ふわっと言葉・ちくっと言葉（P 88 ～ 91）』などを選ぶとよいでしょう。しかし単発的に1回授業をしても、子どもは戸惑いますし、指導する側も指導のポイントをつかめずに終わってしまうことがあります。できれば1か月に1度、4つの分野から1つのスキルを選び、1年を通して行うことをおすすめします。第１章で授業の取り入れ方を紹介しているので、参考にしてもよいでしょう。

→ 詳しくはＰ 48 ～ 53 へ

聞く・話す・伝える力をはぐくむ

クラスが変わる！子どものソーシャルスキル指導法

監修 岩澤一美
星槎大学大学院教授

ナツメ社

はじめに

私はここ数年、ソーシャルスキルの校内研修などで、全国の小・中学校の先生方と話をする機会が増えました。**そんな中よく耳にするのが、「子どもが変わってきている」という言葉です。「自分本位で、他人を思いやる気持ちが薄い」「気持ちを切りかえることがなかなかできない」**など、昔なら学年なりに身についていったものがない子どもが増えてきているというのです。果たして本当に子どもが変わってしまったのでしょうか。**私は、子ども自身が変わったのではなく、子どもを取り巻く環境が変化したのだと思っています**。具体的には、以前に比べ、人とコミュニケーションをとる機会が少ない、あるいはなくなっているように感じます。今の子どもは、塾通いや習い事でとにかく忙しく、遊ぶときも、インターネット回線などを利用して、「離れた場所」で遊ぶことが増えました。リアルな世界で「空間」や「時間」を友達と共有するのではなく、バーチャルな世界の中で仲間と接する……。このような環境の中では、人とのやり取りの中ではぐくまれるはずの「コミュニケーションに必要な力」が身につかないのも当然です。

ひと昔前であれば、コミュニケーションをとるのが苦手なのは発達障害の特徴の一つであると考えられていました。そしてコミュニケーション能力が身につきにくい発達障害の子どもたちに対し、人とかかわるうえで必要な「スキル」の獲得を目的とした

ソーシャルスキルトレーニング（Social Skill Training、以下「SST」と略）を個別に実施していました。しかし、**今やすべての子どもに対して、SSTが必要となってきているのです。**

多くの先生方が子どもたちの変化に気づき、SSTが必要であることを認識されています。しかし、「必要性はわかるけれども、時間がない」「やったことがないので、どう指導したらいいのかわからない」という声もよく耳にします。ですが、小学校では、大きなことから小さなことまで、日々さまざまな生活指導が行われています。SSTは、それらの指導を系統化したものにすぎません。それゆえきっかけさえあれば、すべての先生方が取り組むことができると、私は考えています。

本書ではこうした点を踏まえて、SSTについて「きっかけ」や「手がかり」を求めている先生方に抵抗なく使っていただけるよう、授業の進め方や板書例などを具体的に紹介しています。現在の日本の小学校は、いじめや不登校などさまざまな問題を抱えています。SSTが多くの学校で行われ、一人でも多くの子どもたちが明るく笑顔で学校生活を送れるよう、豊かな人間関係を築いていってほしいと願っています。

星《せい》槎《さ》大学大学院
教育実践研究科教授
岩澤　一美

この本の特色と使い方

この本では、一つ一つのソーシャルスキルトレーニングについて、
授業の進め方と、その授業で使うワークシートについて、解説しています。

スキルの授業展開ページ

現場の先生方の声をヒアリングし、今の小学校でよく見られる子ども同士のトラブル事例と、このトレーニングではぐくみたいことを示しています。

トレーニングの内容によっては、基礎となるスキルを学ぶ「基本編」と、より複雑な人間関係について学ぶ「応用編」に分かれています。

友達づくりのスキル

気持ちのいいあいさつをしよう 基本編

あいさつは、コミュニケーションの基本です。しかし、年齢が上がると、あいさつの言葉は知っていても、恥ずかしいからしないという子も少なくありません。気持ちのいいあいさつの仕方を学ぶとともに、なぜあいさつが大切なのかということも、あわせて伝えていきましょう。

授業の進め方

板書の始め方

授業を始めるときの板書の仕方について、紹介します。

●気持ちのいいあいさつをしよう

〈あいさつの場面〉		〈どんなあいさつをする？〉
朝、起きたとき	→	・おはよう
朝ご飯を食べるとき	→	
食べ終わったとき	→	
学校へ行くとき	→	

Point 1 モデリングで、ワーク1から４場面を選び板書する。ワークシートのイラストを拡大コピーしてはってもよい。

Point 2 ワーク1に対する子どもの答えを板書する。

ウォーミングアップ（導入） 5分

①「わたしたちは朝から晩まで、いろいろなあいさつをして暮らしています。どんなあいさつの言葉を知っているかな？」「学校に来るまでに、だれとあいさつをしたかな？」などと質問する。

②「おはよう」「こんにちは」といったあいさつや、「お父さんとしたよ」など、さまざまな答えが出たところで、「気持ちのいいあいさつをすると、とても気分がいいよね」など声をかけながら、インストラクションにつなげる。

授業に入る前の導入となる声かけを紹介。子どもたちの授業への関心を高めます。

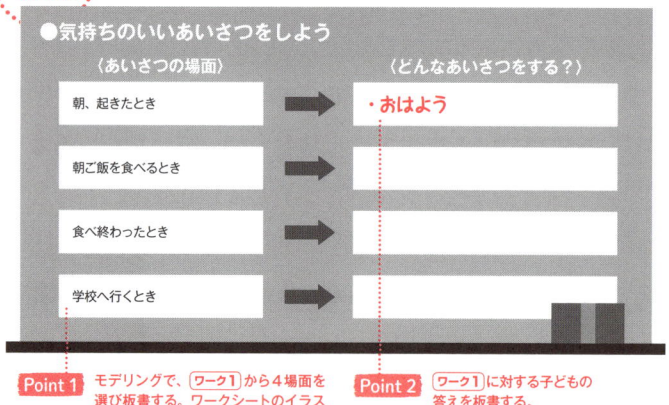

授業の展開の仕方と、基本的な流れについて、解説しています。

設問ごとの、子どもに伝えたい「ねらい」を紹介しています。

1 インストラクション トレーニングの目的を伝える

5分

- 「気持ちのいいあいさつをできるようにしよう」と、目的を伝える。
- ワークシートを配布する。

ねらい

・あいさつには多くの種類があり、自分たちが無意識のうちに毎日たくさんのあいさつをしていることに気づかせる。

2 モデリング 手本を見せる

10～15分

- ワーク1の1問目。8場面のうち、4場面のイラストを黒板にはるか板書し、子どもに質問する。板書!
- 子どもの意見を板書する。残りの問題は、子どもがワークシートに記入する。板書!
- ワーク2の1問目。3つの場面を教師が演じる。子どもはワークシートに○をつけ、下の空欄に意見を書く。数人に、自分の書いた答えを発表してもらう。

ねらい

・場面にあった「あいさつの言葉」を書き入れながら、そのあいさつを交わす「意味」を考えさせる。

・声の出し方や表情によって、「気持ちのいいあいさつ」になることに気づかせる。

3 リハーサル 子どもが練習・実演する

10～15分

- ワーク2の2問目に、子どもが記入する。
- 隣の子とペアになり、書いたセリフを、声に出してやり取りする。
- 2～3組のペアに前に出てもらい、やり取りしたことを発表してもらう。

ねらい

・友達の発表を見て、いろいろなあいさつや、あいさつの仕方があることに気づかせる。

・「気持ちのいいあいさつ」を交わすことで気分がよくなることが実感できるよう促す。

4 フィードバック 振り返る

10分

- 今日の学習を振り返り、それぞれ「ふり返り」に記入する。
- 時間があれば、数人に感想を発表してもらう。

ねらい

・一人一人の「気づき」を書かせる。

・授業後は、朝の会や給食の時間に、今日習ったスキルを意識したあいさつを取り入れる。

次のページでワークシートの解説をします 59

第2章 実践編 ソーシャルスキルトレーニング ～友達づくりのスキル

板書!のマークくのところで、右ページの、「板書の始め方」をチェックします。

授業を進めるときの目安となる「時間配分」を示しています。

次のページで、この授業で使うワークシートの解説をしています。

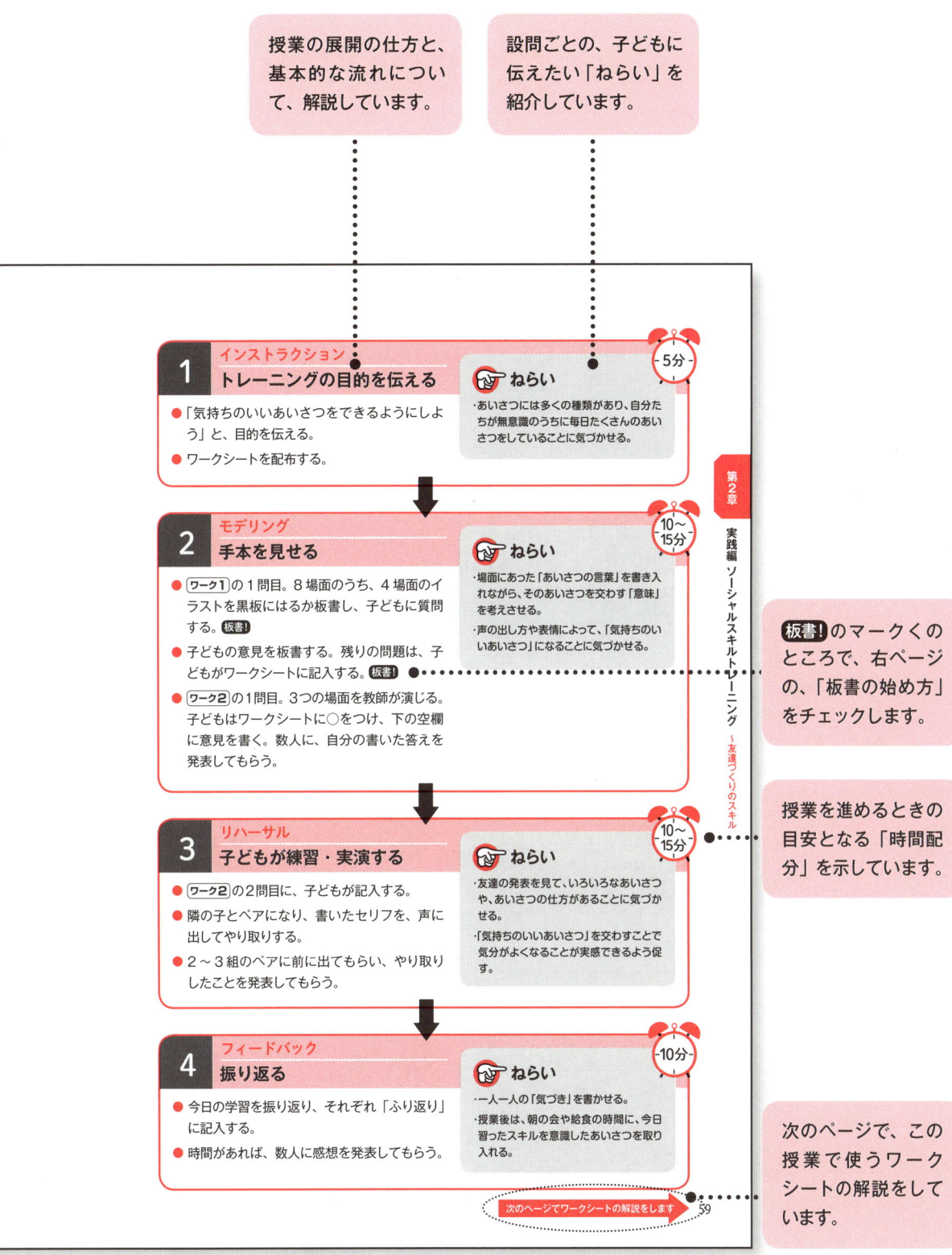

ワークシートの解説ページ

1回の授業で1枚のワークシートを完結させます。前ページの「授業の展開の仕方」にそって、ワークシートを進めます。

解答の一例を、赤文字で入れています。具体的な解答例をあげているので、子どもから意見や考えが出にくいとき、例として紹介することができます。

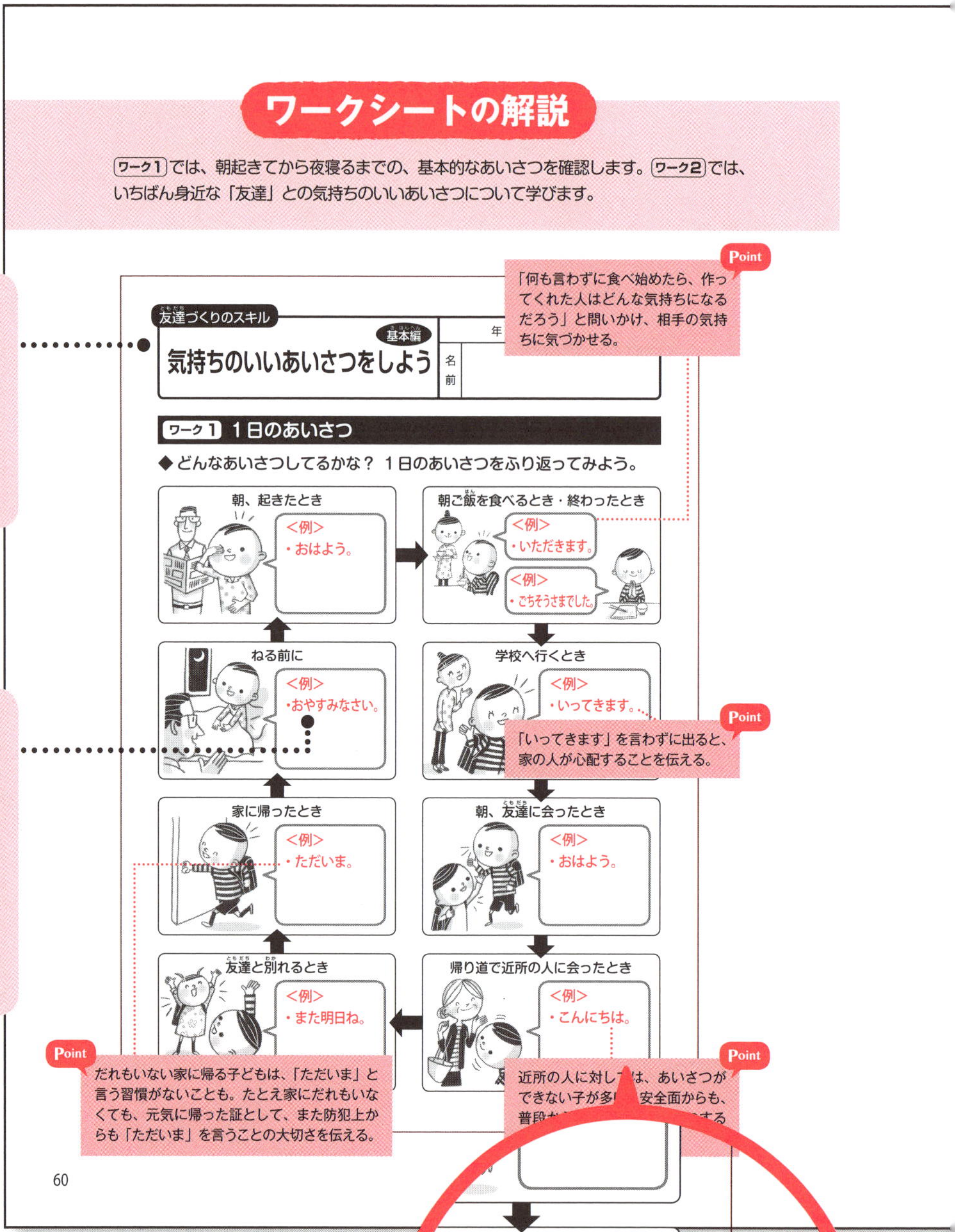

ワークシートの解説

ワーク1 では、朝起きてから夜寝るまでの、基本的なあいさつを確認します。ワーク2 では、いちばん身近な「友達」との気持ちのいいあいさつについて学びます。

友達《ともだち》づくりのスキル　基本編《きほんへん》

気持ちのいいあいさつをしよう

年　名前

ワーク1　1日のあいさつ

◆どんなあいさつしてるかな？　1日のあいさつをふり返ってみよう。

Point　「何も言わずに食べ始めたら、作ってくれた人はどんな気持ちになるだろう」と問いかけ、相手の気持ちに気づかせる。

Point　「いってきます」を言わずに出ると、家の人が心配することを伝える。

Point　だれもいない家に帰る子どもは、「ただいま」と言う習慣がないことも。たとえ家にだれもいなくても、元気に帰った証として、また防犯上からも「ただいま」を言うことの大切さを伝える。

Point　近所の人に対して　は、あいさつが
できない子が多　安全面からも、
普段か　する

60

Point では、問題を深く掘り下げたり、ワークをより効果的に進めたりするときの、「ヒント」を紹介しています。

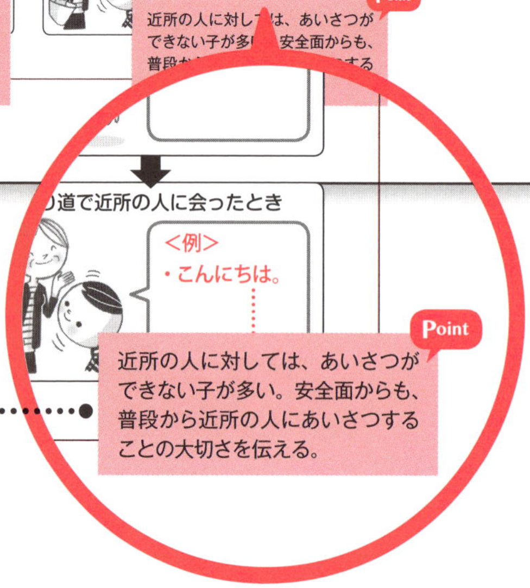

ワークのねらい

いろいろなあいさつの種類と、気持ちのいい仕方、そしてそれぞれのあいさつを交わす意味について学びます。あいさつの練習をするときは、相手の目を見て、元気に、ある程度大きな声で行いますが、大きな声が出ない子は、できる範囲でOKとしましょう。無理強いすると、あいさつに苦手意識をもつこともあるので注意が必要です。相手の目を見るのが苦手な子は、体を相手に向けてあいさつするだけでもよいでしょう。楽しみながら身につけることを大切にします。

このワークシートではぐくみたい「ねらい」、教師が意識して伝えたい「ポイント」について解説しています。

第2章 実践編 友達づくりのスキル

Point 「友達との朝のあいさつをやってみるよ」と声をかけ、教師が演じる。上手にできるかどうかよりも、まじめに、わかりやすく演じることが大切。

ワーク2 友達《ともだち》とのあいさつ

◆朝、友達《ともだち》に会ったときのあいさつで、いちばんいいものはどれだろう。

おはよう！
○
……。
おはようございます。

どうしてそう思ったのかな？

<例>
・「おはよう！」がいちばんうれしい。
・友達に「おはようございます」といわれるのはへんなかんじ。

Point 「おはようございます」という、ていねいなあいさつは、友達と交わすとよそよそしい感じがすることを引き出す。

◆一緒《いっしょ》に下校した友達《ともだち》と別《わか》れるときは、どんなあいさつをすればいいのかな？

じゃあ、ぼくこっちだから。

<例>
・さようなら。
・ばいばい。
・また明日。

Point あいさつしないで別れる子も多いので、あいさつをすると、楽しい気持ちで一日を終えられることを説明するとよい。

ふり返り

<例>
あいさつって 気持ちいい。楽しい。
あいさつをすると、友達《ともだち》と なかよくなれる
わたしはこれから 元気にあいさつをします

Point 1日にいろいろな人とあいさつしていることを確認する。また、気持ちのいいあいさつは、お互いに気分がよくなることや、よい印象をもたれることにも気づかせたい。

61

授業の最後には必ず振り返りを行うことが大切です。正解はありません。その子の「気づき」を書かせましょう。

巻末には、すべてのワークシートをまとめて掲載しています。ワークシートは、そのままコピーして使える大きさになっています。詳しい使い方は、ワークシートの巻頭、P 174-175 でイラスト入りで紹介していますので、そちらをご覧ください。

目次

クラスが変わる！ 子どものソーシャルスキル指導法

第1章 ソーシャルスキルトレーニングの基本

ソーシャルスキル指導の前に

授業の組み方・進め方

初めての人にもおすすめ！

少し慣れてきたら…

第2章　実践編　ソーシャルスキルトレーニング

付録 コピーして使えるワークシート

友達づくりのスキル ワークシート

相手の気持ちを考えるスキル ワークシート

自分の気持ちを伝えるスキル ワークシート

感情をコントロールするスキル ワークシート

チャレンジ編 ワークシート

第1章

ソーシャルスキルトレーニングの基本

ソーシャルスキルトレーニングに入る前に、本書ではぐくみたい子どもの姿や、学校でのトレーニングが必要になった時代背景から、子どもを引きつける授業のコツ、実際の授業の展開方法まで、具体的に紹介します。

ソーシャルスキル指導の前に

今、人間関係をうまく築けない子が増えている

今、小学校の中・高学年のクラスでは、友達との間にトラブルが絶えない子どもが増えています。そうした子が増えている要因は何なのでしょうか。授業でソーシャルスキルトレーニングを行う前に、子どもたちの実情を把握しておきましょう。

感情をうまくコントロールできない子どもたち

今、子どもたちの周辺で起こっているトラブルの原因を集約すると、感情のコントロールができない、いわゆる「キレる」子どもたちの姿が浮かび上がってきます。もちろん「自閉症スペクトラム（広《こう》汎《はん》性《せい》発達障害）」や「注意欠陥・多動障害（AD/HD）」など、発達に特性があり、感情のコントロールが難しい子もいるでしょう。しかし、**近年ではそういった障害のない子どもたちも、自分の気持ちを抑えられなかったり、場面に応じてうまく感情をコントロールできなかったりして、友達との関係をうまくつくれないことが増えています。**そういった子どもたちの対応に頭を抱え、試行錯誤している小学校は少なくありません。

「キレる」子ども2つのタイプ

「感情をコントロールできない子ども」には、大きく分けて2つのタイプがあります。**1つは、子どもがおもちゃを買ってほしいと駄々をこねるように、感情を爆発させることで自分の欲求を通そうとする攻撃的なタイプ。**こういったタイプの子どもは、自分の言いたいこと、やりたいことを、相手の感情や都合を無視して押し通す傾向が強く、思い通りにならなければ相手に暴言を吐いたり、時には暴力をふるったりすることもあります。

もう1つは、**自分の欲求を伝えられない消極的なタイプ**です。このタイプの子どもは、クラスでもいつも人の後ろについて回ったり、ほかの子の反応を気にしたりして、自

増えている「キレる」子どものタイプ

感情を爆発させて、思いや欲求を
突き通す攻撃的なタイプ

思いや欲求を伝えられず、我慢して、
我慢の限界でキレる消極的なタイプ

分の意志や欲求を伝えることができません。そして嫌なことがあっても黙って耐えていて、「言えない→伝えられない→伝わらない」というストレスが積み重なり、**ある日ドッカーンと爆発し、キレる**ことがあるのです。

これまでは、攻撃的なタイプも消極的なタイプも、「そういう性格の子だから」ととらえられ、生育環境に原因があるといわれてきました。

キレるのは「性格」ではなく「かかわり方」を知らないだけ

近年になってこういったキレる子どもたちを、**「ソーシャルスキルに欠ける子ども」**ととらえる考え方が出てきました。**ソーシャルスキルとは、「人や集団との適切なかかわり方」のことで、かつては家族や地域社会の中で人とかかわりながら、自然と身につけていくもの**でした。しかし、今、少子化などで子どもの遊ぶ場所や時間が減少し、また、ゲームやインターネットなどバーチャルなものなどの影響から、「人との適切なかかわり方のスキルをもっていない子」「間違ったスキルを身につけてしまった子」が増えています。**キレやすいのは性格などのせいではなく、人間関係の築き方を知らない（スキルがない）だけともいえるでしょう。**反対にいうと、人との適切なかかわり方を学校で身につけることができれば、子どもたちを問題解決の方向に導くことができるということです。

もちろんソーシャルスキルは、学校だけで身につくものではありません。しかし、学校で継続して教えていくことで、少しずつ子どもたちに変化が出てくるのがわかるでしょう。

ソーシャルスキル指導の前に

ソーシャルスキルとは「人との適切なかかわり方」のこと

ソーシャルスキルやソーシャルスキルトレーニングに関心があっても、その目的と効果は知らないという人も多いものです。授業で行う前に、なぜクラスの問題解決に効果があるのか、子どもたちに、どんな変化が見られるのか、基本的なことを確認しておきましょう。

ソーシャルスキルとは「人との適切なかかわり方」のこと

ソーシャルスキルを直訳すると、「社会的な技術」ということになりますが、わかりやすくいうと、「人との適切なかかわり方」のことです。「コミュニケーション力」といってもよいでしょう。

私たちはだれでも、人とかかわることで社会の一員として暮らしています。人とコミュニケーションをとるには、自分の思いを正確に伝え、相手の思いを読み取り、受け止めることが不可欠です。しかし、それは簡単なことではありません。コミュニケーションとひと口にいっても、言葉の選び方や声の出し方、表情の作り方、身振り、手振りなどさまざまな方法があり、お互いの思いを伝え、くみ取るには、これらを駆使して一定のルールやテクニックを身につける必要があります。

今、子どもたちに不足しているこれらの技術を獲得するための練習を「ソーシャルスキルトレーニング」と呼んでいるのです。

クラスでトレーニングすることで個人が変わり、集団が変わる

ソーシャルスキルという言葉が日本の教育現場で聞かれるようになったのは、今から20数年ほど前です。元々ソーシャルスキルトレーニングは、アメリカで始まり、うつ病や統合失調症といった精神疾患などで社会から離脱してしまった人を、もう一度社会へ戻すための治療として、1対1の個別の指導で行われていました。

日本では、それを発達障害児のための教

**問題のある子はもちろん、
そのほかの子にも、有効なトレーニングです**

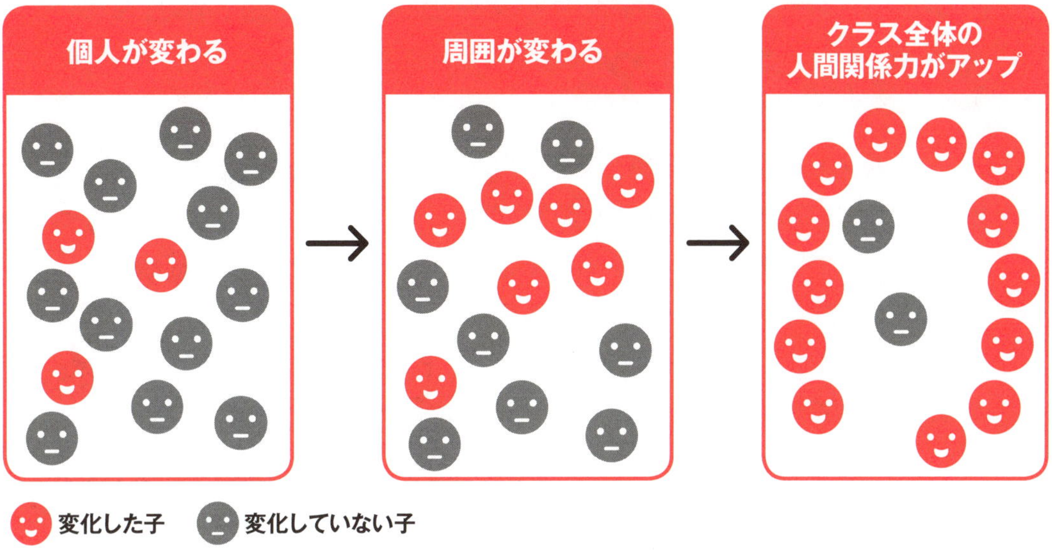

育方法として取り入れました。障害のある子どもに、あいさつや謝り方、感情のコントロールといった、人とのコミュニケーションの方法を、その子に合わせた方法で、1対1で教えたのです。

しかし次第に、障害をもつ子が、それぞれの苦手な分野を改善していくだけではなく、周囲の子どもたちも、彼らを受け入れるためのスキルを一緒に学ぶのがよいのではないかと考えられるようになりました。

さらに**最近は、発達障害のない子どもたちも、人間関係を築く力が弱まっているのではないかと危惧されるようになりました。**学級崩壊、いじめ、不登校、自殺などの増加の背景には、障害のある、なしにかかわらず、人とかかわるスキルの低下があるのではないか、ということです。

そこで**現在では、発達障害の子を含めたクラス全員でソーシャルスキルトレーニングを行い、「クラス全体の人間関係力を上げていこう」という考え方に変わってきました。**もちろん子どもには個人差があるので、クラスでソーシャルスキルトレーニングを行ったからといって、全員に同じペースで、同じだけの効果が出るとは限りません。

しかし、クラスの中の数人が、気持ちをコントロールする術などを身につけ、上手にコミュニケーションがとれるようになると、少しずつその周りにいる子が落ち着いてきます。そこから、今度はクラスが落ち着き、やがては、クラス全体が、障害のある子を受け入れられるところまで変化していきます。最初は個人単位の変化でしかありませんが、継続することで、クラス全体のコミュニケーション力・人間関係力が上がっていくのです。

ソーシャルスキル指導の前に

「ソーシャルスキル」と「道徳」はどう違うの？

ソーシャルスキルは、よく道徳と混同されます。しかし、2つは似ているようで違うもの。道徳はマナーや礼儀などの「心」を教えるものであるのに対し、ソーシャルスキルは日常生活で使える、「実戦のためのテクニック」を教えるものです。

道徳は、理論を学ぶもの

一般的に小学校の道徳の授業では、教科書を読み、歴史上の人物から「努力することのすばらしさ」といった人生の教訓を学んだり、物語やエッセイなどを読んで「思いやりをもつことは大切」「お年寄りにはやさしくする」といった観念を学んだりしています。それらは生きるうえでとても大切なものであり、子どもたちは、思いやりの大切さにも、お年寄りにやさしくするといったことにも共感して聞いています。

しかし、道徳の授業はここで終わりになり、実際の生活の中で、どのように行動したらよいのかということについては、示していませんでした。そのため、日常のどういった場面でお年寄りにやさしくしたらよいのか、また、やさしくするというのは具体的にどういったことなのか、どのように声をかけたらいいのかということがわからない子が多かったのです。なかには、自信がもてないままに、お年寄りに接していた子もいるでしょう。道徳の授業は、子どもたちの共感は呼びますが、実際の方法についてはわかりづらいものだったといえます。

ソーシャルスキルは声のかけ方や行動の仕方を学ぶもの

一方、ソーシャルスキルトレーニングの授業では、理論だけではなく、日常の中での実際の声のかけ方や行動の仕方について学びます。

例えば「お年寄りにやさしくしよう」とい

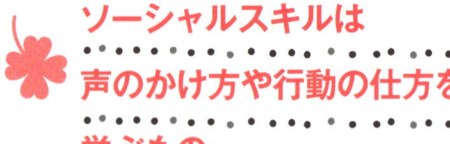

道徳 **=考え方を学ぶ**

ソーシャルスキル **=行動や声かけを学ぶ**

「気持ち」を考える道徳の授業に、「実践のテクニック」を教える
ソーシャルスキルトレーニングを取り入れるのが理想的です。

う内容であれば、電車の中で立っているお年寄りに席を譲る場面を想定し、声をかける役と声をかけられるお年寄りの役になってセリフをやり取りします。**実演することで、お年寄りに声をかけるには勇気がいると気づいたり、恥ずかしさを感じたりと、実感を伴いながら学ぶことができます。**また、なぜ声をかけることが必要なのか、お年寄りの役を演じることで、子ども自身で気づけることも、ソーシャルスキルトレーニングの大きな特徴といえるでしょう。

ソーシャルスキルトレーニングは「授業後」が重要

授業でソーシャルスキルトレーニングを行うと、子どもの表情がふっと変わることに気づくでしょう。**それは「こうやって声をかければいいんだ」とわかったときだったり、「今までのやり方でよかったんだ」と自信がもてた瞬間だったり、あるいは、「なぜこう振る舞ってはいけないかわかった」といった気づきを得たときだったりします。**納得すると子どもたちは、正しいやり方を実践したくなります。そのやる気を、授業後の実生活に意識してつなげてください。登下校中に会ったお年寄りにあいさつをすることから始めてもよいでしょう。授業はあくまできっかけにすぎません。実生活に使えて、初めて意味をもつのです。

ソーシャルスキル指導の前に

授業に入る前に「言葉」の大切さを伝えよう

ソーシャルスキルトレーニングに深くかかわるのが「言葉」の使い方です。言葉には、たったひと言で人を元気にする力もあれば、一生残るような深い傷を負わせる力もあります。授業に入る前に、普段何気なく使っている言葉を見つめ直しましょう。

人を傷つける「ちくっと言葉」と元気づける「ふわっと言葉」

今、子どもたちの周りでは、「うざい」「むかつく」「死ね」といった、人の心を刺す鋭い言葉が飛び交っています。あまりに日常的になっているせいか、子どもたちは、大人が思うほどの衝撃を受けていないこともありますし、よくない言葉だとわかっていながらも、友達と同じ言葉を話す必要があると感じて使っている子もいるでしょう。また、こうした激しい言葉以外にも、人を傷つける言い方があることを意識している子どもは、案外少ないようです。この、**人を傷つけ、心を刺すような言葉を、この本では「ちくっと言葉」ということにします。**

一方で、相手を認め、ほめ、励まし、元気にすることができる言葉、自分が言われたらうれしい言葉もあります。例えば、**「すごいね」「ありがとう」「大丈夫だよ」「気にしないで」などがあるでしょう。これらを「ちくっと言葉」に対して、「ふわっと言葉」ということにします。**

「ちくっと言葉」が増えるほど、クラスの雰囲気や環境、子どもの心がすさんでいくのに対し、「ふわっと言葉」が増えると、温かくやわらかな雰囲気になります。もちろん、子どもたちは「ふわっと言葉」だけを使うわけではありませんし、普段使っている言葉がよくなればすべての問題が解決するというわけでもありません。それでも私たちは言葉を使って考え、言葉を使って生きています。「ふわっと言葉」は人間関係を築くための大事な道具であり、ソーシャルスキルを獲得するためにも欠かせないものなのです。

例えば、人の心を刺す「ちくっと言葉」、心を温かくする「ふわっと言葉」を、それぞれ木をかたどった紙にはっておき、気づいたときにボキャブラリー（語い）カードを加えるのも方法の一つです。子どもたちの、言葉に対する意識が変わってくるでしょう。

日常的に「ふわっと言葉」の語いを増やす

「ちくっと言葉」を多用する子どもやクラスには、「ふわっと言葉」の語いが少ない傾向があります。実生活でも、ソーシャルスキルの授業の中でも、子どもたちはだれかが失敗したときに、それを笑ったり、茶化したり、バカにしたりしてはいないでしょうか。そういうときこそ、励まし、勇気づける「ふわっと言葉」が必要です。どんな状況のときに、どんな言葉を言われたらうれしいか、励まされるか、反対にどんな言葉に傷つき、悲しくなるか、まずはクラスで、普段使っている言葉を見つめ直し、分類することをおすすめします。そして一人一人の**「ふわっと言葉」を共有し、増やすことで、クラス全体に「ふわっと言葉」が増えていきます。**

教師自身も自分の「言葉」を見直して

子どもに注意を促す立場の教師も、「どうしてこんなこともできないの？」など、**無意識のうちに子どもを傷つける「ちくっと言葉」を使っていないか見直しましょう。**子どもはテレビやマンガ、ゲームからも悪い言葉を学びますが、いちばん身近な親や教師からも多くの言葉を学んでいるのです。

子どもを傷つける言葉

「また、あなたなの？」
「〇〇さんのようになってはダメよ」
「幼稚園からやり直しなさい」
「やっぱり、失敗すると思った」
「あなたの言うことは信用できない」

※「ふわっと言葉・ちくっと言葉」のソーシャルスキルトレーニングは、P 88 ～ 91 で紹介しています。

ソーシャルスキル指導の前に

子どもの「心の発達」に合わせて進めることも重要

ソーシャルスキルトレーニングは、子どもたちの「心の発達」をとらえたうえで行うことも大切です。本書で紹介するトレーニングは、どこから行っても問題ありませんが、３～４年生、５～６年生の心の特性に合ったスキルを選ぶことで、より効果が得られるでしょう。

３～４年生は「友達」との関係が最優先

知力や体力がつき、知的好奇心もおう盛になる3～4年生は、「ギャングエイジ」とも呼ばれ、趣味が合い、気の合う友達とグループをつくって遊んだり、けんかをしたりするようになります。

人間関係では、親や教師との関係が中心の生活が、友達が中心の生活になり、親や先生よりも友達との約束や秘密を大事にするようになります。いわゆる「自立の時期」であり、知力、体力、好奇心を背景に、時に友達同士で遠くまで出かけるなど大胆な行動を起こすこともあります。

また、「こう言ったら、相手にどう思われるだろう……」など、自分を客観的に見たり、振り返ったりすることができるようになってきます。

しかし、相手の気持ちをとらえる力はまだまだ弱く、例えば、仲間との約束が守れない子がいたり、同調しない子がいたりすれば、その子の悪口を言ったり、仲間はずれや無視をしたりといったトラブルも生まれてきます。つまり、「仲間に入れない子がいる」という問題が出てくるのがこの時期なのです。

３～４年生のクラスでは、子どもたちの「仲間が何より大事」という心理をしっかりとらえ、そのうえで、人を仲間はずれにするより仲間に入れられるような心の寛容さを教えたり、孤立させられた子どもの気持ちを想像し、正しい行動ができるよう指導したりするとよいでしょう。**相手の気持ちを想像し、把握していくスキルは、この時期にしっかり身につけておくことが大切**です。

1~2年生ころ

学校では担任の教師を中心に、「家族的な」学級生活を送っている時期。

生活習慣など、日常の基本的スキルを身につける時期

3~4年生ころ

教師よりも友達が大事な時期。自分より、仲間や友達の意見が優先。

相手の気持ちに気づく、想像するスキルが必要になる

5~6年生ころ

自分の気持ちを出しつつ、仲間や友達との関係をつくっていく時期。思春期の入り口。

相手を尊重しながら、気持ちを伝えるスキルが求められる

5~6年生は、自分を確立し友達とのかかわりを深める時期

5~6年生は、いわゆる「思春期」の入り口で、男女差や個人差はあるものの、多くの子どもに初潮や精通、変声などの第二次性徴があらわれます。そのため、自分と他人との違いにとまどい、それまで「みんなと同じである」「仲間である」ということが心のよりどころであったのに対し、少しずつ「みんなと違う」ことに気づき、悩み、そして関心が自分にも向き始め、悩みを抱くことになります。

しかし、同時に自分だけでなく、周囲の人の気持ちや行動を理解する能力も向上してきます。自己中心的な行動は以前より減り、友達や相手の視点に立ち、人の気持ちを考えた行動をとることができるようになるため、友達関係を築いたり、継続することが少しずつ上手になってきます。3~4年生のころが「自分よりも仲間が大事な時期」だとしたら、**5~6年生のころは、「少しずつ自分を確立しながら、友達や仲間との関係をもつ時期**」ともいえるでしょう。

とはいえ、中学への進学を前に、勉強面での課題が増えるとともに、自分の体や心、友達との関係、異性との関係、親や教師との関係など、より多くの問題を抱えて、不安定になるのもこの時期の特徴です。この先に待つ思春期~青年期に「自分」を確立し、上手にコミュニケーションをとりながら社会生活を送ることができるよう、基礎となるスキルを獲得することが重要になります。

相手を尊重しながらも自分の気持ちを伝えるといった、総合的なスキルを上げておくことが、とても大切だといえるでしょう。

ソーシャルスキル指導の前に

本で取り上げるスキルの４つの分野

人間関係を築くのに必要な力は多岐にわたりますが、本書では、人間関係が複雑になる３～６年生の時期にはぐくみたいソーシャルスキルを、４つの分野に分けました。子どもたちが抱える悩みの多くは、この分野のスキルがはぐくまれれば、解決へ向かうでしょう。

「４つの分野」の特徴とは

本書では多くのソーシャルスキルトレーニングを、４つの分野に分けています。

まず１つ目は、友達になるときのきっかけづくりを学ぶ「友達づくりのスキル」。次に、相手の表情や言葉から、その人の気持ちに気づく、察するといったことを学ぶ「相手の気持ちを考えるスキル」、そして、相手の気持ちを受け止めたうえで、自分の考えや気持ちを上手に伝えることを学ぶ「自分の気持ちを伝えるスキル」。ここまでが、コミュニケーションを高めるスキルになります。４つ目が、キレたりせずに気持ちを表現することを学ぶ「感情をコントロールするスキル」。自分の感情を上手に抑えるスキルです。**この４つは、初対面の人と友達になり、相手の話を聞き、自分の気持ちを伝え、考え方が違うときも感情を爆発させずに伝える、といった人と人とが関係を深めていくときの流れにそっています。**つまり、人間関係づくりにおいて、無意識のうちに使っているスキルだといえるでしょう。

本書では、４つの分野にそれぞれ７つ（「感情をコントロールするスキル」は５つ）のトレーニングを入れていますが、必ずしも順番にやる必要はありません。**自分のクラスで弱いと感じるスキルの中から、はぐくみたいと思うソーシャルスキルトレーニングを選んで使うのがベストです。**４つのスキルではぐくみたいことや、扱うトレーニングについては、P32～39で詳しく紹介していますので、授業で取り入れるときの参考にしてください。

ソーシャルスキルの4つの分野

複雑なかかわり

4 感情をコントロールするスキル

今、子どもたちにもっとも伝えたい、自分の感情と向き合い、いらいらや怒りをコントロールするスキル。悲しみや悔しさなどをコントロールする力もはぐくみます。

→ 詳しくはP38～39、P146～167へ

3 自分の気持ちを伝えるスキル

自分の気持ちや考えを伝えるスキル。自分が悪いと思ったときの謝り方や、友達に伝わる意見の言い方など、少し高度で複雑なスキルのトレーニングがあります。

→ 詳しくはP36～37、P116～145へ

2 相手の気持ちを考えるスキル

今の子どもたちが苦手といわれる、「相手の気持ちに気づく」スキル。相手の表情やしぐさ、言葉から、その人の気持ちを想像する力をはぐくみます。

→ 詳しくはP34～35、P86～115へ

1 友達づくりのスキル

友達づくりの「きっかけ」となるスキル。気持ちのいいあいさつの仕方、気持ちが通い合う自己紹介の仕方など、7つのトレーニングがあります。

→ 詳しくはP32～33、P56～85へ

基本的なかかわり

1 「友達づくりのスキル」で はぐくみたいこと

取り上げるトレーニング

- □気持ちのいいあいさつをしよう（基本編）
- □目上の人へのあいさつを知ろう（応用編）
- □楽しく自己しょうかいをしよう（基本編）
- □関係が深まる自己しょうかいをしよう（応用編）
- □新しい友達をつくろう
- □仲よしグループに入れてもらおう
- □友達と会話を続けよう

コミュニケーションの始まりは「あいさつ」のスキルを学ぶことから

本書で最初に取り上げるのが、「友達づくりのスキル」です。これは、いわば友達づくりの「きっかけ」を教えるスキルといえるでしょう。

その中で**最初に取り上げているのが、「あいさつをしよう」というトレーニングです。**あいさつは、すべての人間関係の始まりであり、友達づくりの基本になります。新年度に初めて会うクラスの子も、近所の人も、すべての人との関係は、気持ちのよいあいさつから始まります。「あいさつをわざわざ授業で教えなくても……」と考える人もいるかもしれませんが、幼いころから教えられていてもあいさつができない子はいますし、学校であいさつ運動に取り組んでも、その期間が過ぎれば、もとに戻ってしまうことも少なくありません。また、親や教師があいさつをしていれば、子どもが自然にあいさつをするようになるわけでもないのです。

今、あいさつができない子どもが増えているのは、「あいさつは大切」「きちんとあいさつをしなさい」と大人に言われていても、**なぜあいさつが大切なのか、どんなあいさつが「きちんと」しているのか、どんなタイミングで、どういう声や表情で、あるいはしぐさで行えばよいのか、具体的な方法を教わってないから**ともいえます。また、恥ずかしさもあるでしょう。

初めてソーシャルスキルトレーニングを取り入れるときや、クラスの子どもたちにあいさつが身についてないと感じるときは、このあいさつのトレーニングから始めることをおすすめします。

授業では、初対面の友達の役、近所の人の役、教師の役などを交代で演じながら、あいさつの練習をします。

「あいさつ」の次に大事なのが「自己紹介」のスキル

「あいさつ」の次に取り上げているのが、「楽しく自己しょうかいをしよう」というトレーニングです。「自己紹介が、なぜ人間関係につながるの？」と思うかもしれませんが、自己紹介は単に自分のことを相手に知らせるためのものではなく、自分がどういう人間で、どんなことを考えていて、何が好きで、何が嫌いかといったことを自分で知り、それを言葉に置きかえていく高度なスキルでもあります。自分を客観的に見つめて、言葉にするスキルともいえるでしょう。

新学期は、初めて同じクラスになった子に、自己紹介をする機会があります。そのとき、ただ自分の名前を言うだけでは、「自分を知ってほしい、仲よくなりたい！」という気持ちを伝えることは難しいでしょう。

本書で取り上げる「自己紹介のスキル」では、**子どもたちが楽しみながら、自分の好きなことや得意なことなどをとらえ、それを発表するトレーニングになっているので、より深い「自己紹介」ができます。また、自分を知ることは、人との関係や集団の中で、自分には何ができるか、何をするべきかを考える力にもつながっていきます。**このトレーニングは、そうした大切な力もはぐくみます。人は、自分のことをオープンに話してくれる人に安心感を抱き、「もっと知りたい」「仲よくなりたい」という気持ちをもちます。自己紹介のスキルを学ぶだけで、クラスの雰囲気が和らぐのを感じられることでしょう。また、担任の教師も参加すると、生徒との心の距離が近づき、新年度の緊張感を和らげることにもつながります。

2 「相手の気持ちを考えるスキル」ではぐくみたいこと

取り上げるトレーニング

- □ふわっと言葉・ちくっと言葉
- □相手の気持ちを想像しよう（基本編）
- □相手の気持ちを想像してみよう（応用編）
- □泣いている友達をなぐさめよう
- □伝わりやすい注意の仕方を考えよう
- □受け取りやすい断り方をしよう
- □携帯電話・メールのマナーを覚えよう

相手の気持ちを考えるには「想像力」が必要

相手の気持ちを考えるには、想像力が必要です。今、自分の気持ちは主張するけれど、相手の気持ちには思いが及ばない子、相手の悲しみや怒りといった感情に気づかない、気づいたとしても、それに対する適切な行動がとれないという子どもが増えています。

それは、生まれてから幼児期を経て、現在までの中で、同じ年齢の子どもはもちろん、きょうだいのような異年齢の子どもとの交流が少なくなっていることも影響しています。つまり、けんかやトラブルを通して、「自分はこんなとき、こういう嫌な気持ちがした」というような実体験が少ないため、「だからあの子もこういう気持ちだろう」と、相手の気持ちに思いが及ばないのです。

自己紹介やあいさつをして友達の入り口に立ったら、そこから関係を深めていく作業が始まります。このときに、**相手の気持ちを想像するスキルが乏しいと、相手の都合や気持ちを考えずに「今日は、絶対に遊ぶんだ！」「これ貸せよ！」というように、自分の欲求をぶつけてしまいます。**

そこでこの分野では、まずは**目に見えない「相手の気持ち」というものを、相手の表情、行動、話し方などからていねいに見ていくトレーニング**について学んでいきます。ワークシートでの学びを通して、普段何気なくかけていた自分の言葉が「相手を傷つけていたかもしれない」と気づく子も出てきます。

こうして相手の気持ちを想像する力がついてくると、相手にかける言葉かけも変わっていきます。

相手の気持ちをとらえるために、まゆ毛はどうなっているか、目線はどこを向いているか、口の形はどうか、といったことを、ていねいに見ていく練習をします。

「言葉」「声」「表情」のとらえ方を学ぶこと

相手の気持ちを想像する力をはぐくむのと同時に、**相手の気持ちを察する具体的な方法**を、子どもに教えることも重要です。

子どもにとって、相手の気持ちを明確に把握しやすいものといえば「言葉」です。例えば、「悲しい」と友達が言えば、「ああ、○○くんは、悲しんでいるんだな」とわかるでしょう。しかし、実際は、「悲しい」という言葉の中に、いろいろな感情が含まれていることがあります。例えば、寂しさのある「悲しい」かもしれませんし、怒りのある「悲しい」かもしれません。**言葉だけでは、それが深い悲しみなのか、ちょっとしたいらいらなのかはわからないのです。言葉以外にも「声のトーン」「表情」や「動作」なども重要な要素**になってきます。

人は本来無意識に、それらを瞬時に感じ取っています。例えば、肩を落としていれば落ち込んでいるのかなと感じ、口角が上向きだと笑っているように見え、下がっていると不機嫌に見えるでしょう。歩き方や座り方でさえ、その人の気持ちを表すことがあります。

ワークシートでは、「うれしい」「悲しい」といった表情をかき入れるトレーニングも入っています。ぱっと見ると、5～6年生などには簡単に見えるかもしれませんが、実は「表情を読む」というのは、とても高度な技術です。授業をきっかけに、今度は実生活の中で相手が今、どういう気持ちをしているのか表情を見ながら想像し、その人にどんな言葉をかけたらいいのかを考えていきます。

3 「自分の気持ちを伝えるスキル」ではぐくみたいこと

取り上げるトレーニング

- □遊びや活動に友達を誘おう
- □集団の中で提案できるようになろう
- □相手を傷つけずに自分の意見を言おう
- □きちんと謝ろう（基本編）
- □きちんと謝ろう（応用編）
- □困っている人を助けよう
- □上手に頼みごとをしよう

押しつけず、我慢もせずに伝える方法を学ぼう

相手の気持ちや考えに気づけるようになったら、今度は自分の意見を伝えることが必要になります。

しかし最近は、遊びの場面でも学習の場面でも、**いつも自分のやりたいことや言いたいことだけを通そうとしたり、強い言葉をぶつけてしまったりする子どもが増えています。**そういった子の周りにはトラブルが頻発しますが、本人は、自分の問題に気づいていないことも少なくありません。自分の発した言葉で、相手がどう感じているのかということがわからないのです。

その一方で、嫌われたくないと意見を言えない、「いや」と言えない子どももいます。そういう子は、大きなトラブルを起こさないかわりに、自分の気持ちを出せずにストレスをためこむ傾向があります。どちらも、人と人との関係を築くうえでは、トラブルが起きやすいといえるでしょう。さらに、それほど極端ではないにしろ、**たいていの子どもは自己主張をしすぎたり、しなさすぎたりで、ときにトラブルになったり、くやしい思いをしたりしています。**それは、自分も気持ちよく、相手にも嫌な思いをさせない「伝え方」を知らないからです。

この分野では、「相手に伝わりやすい意見の伝え方」を学んだり考えたりするほかに、まわりの人たちに自分の意見を受け入れてもらう体験を通して、自信をもって発言する、提案するといった力をはぐくみます。自分の意見や考えを聞いてもらえる喜びを知ると、自然と相手の発言を聞く姿勢も養われていきます。

自分が、感情爆発の「ジャイアンタイプ」か、我慢、我慢の「のび太」タイプか、キャラクターを使って話すと伝わりやすくなります。

「ドラえもん」のキャラクターで伝えるのがおすすめ

このスキルのトレーニングを行うときは、『ドラえもん』のたとえを出すとわかりやすくなります。例えば休み時間に、自分があまりやりたくない遊びに誘われたとします。このときに、「いやだよ！　やりたくない！」と強く言うと、相手は否定されたようで嫌な気持ちがするでしょう。また「つまらない」などと答えれば、たちまちその場のムードは悪くなってしまいます。または、その遊びをしたくないのに「いいよ……」と答えてしまうと、その場はうまく収まっても、自分の本当の気持ちは押しこめてしまうことになります。これを、『ドラえもん』の登場人物、ジャイアン、のび太、しずかちゃんにたとえることで、子どもはイメージしやすくなります。

例えば、教師が最初にジャイアンのキャラクターになって「そんなのいやだよ！　それより○○やろうぜ！」と相手を否定し、自分のことばかり主張して見せます。次にのび太のキャラクターになり、「う～ん。いいよ……」と、自分を抑えて相手に逆らわないやり方を表現します。最後に、しずかちゃんのキャラクターになって、「それもいいけれど、今日はこちらにしない？」と、相手のことを配慮しながら、自分のことも主張する、というやり方を見せます。**子どもに親しみのあるキャラクターで表現することで、子どもは普段自分がとっている方法が、ジャイアンなのか、のび太なのかなどと気づくきっかけになります。**

この話を手がかりにトレーニングに入ると、少し高度なこの分野のトレーニングも、学びやすくなるでしょう。

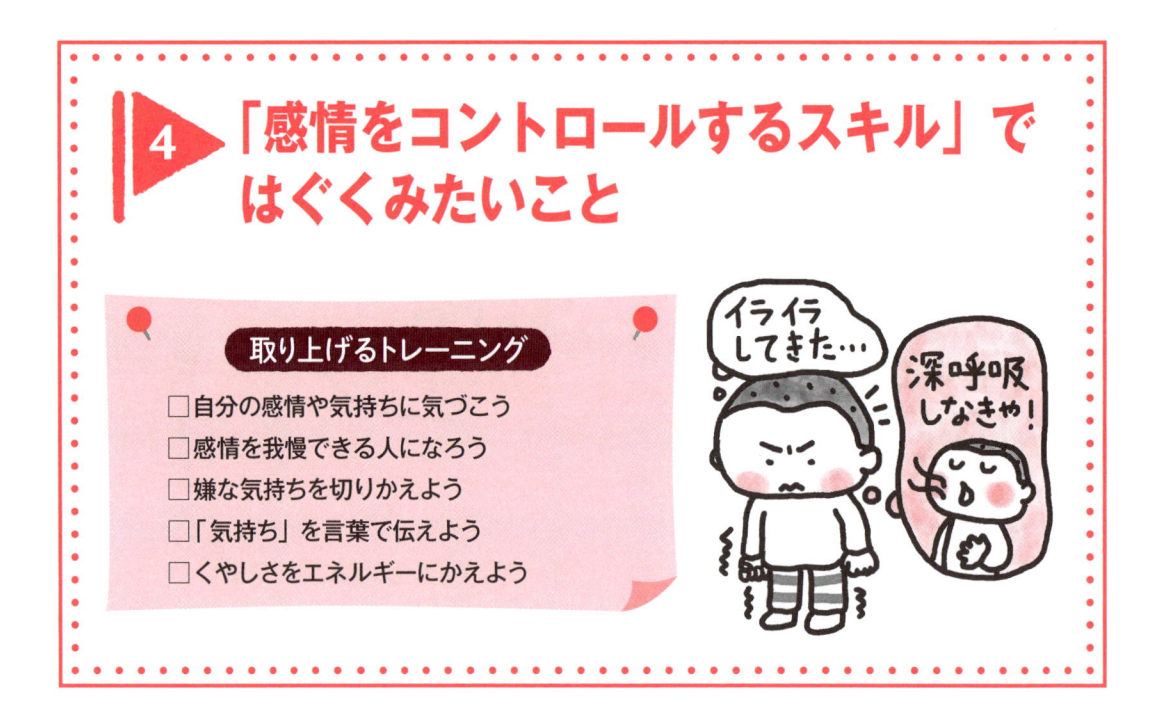

4 「感情をコントロールするスキル」ではぐくみたいこと

取り上げるトレーニング

- □自分の感情や気持ちに気づこう
- □感情を我慢できる人になろう
- □嫌な気持ちを切りかえよう
- □「気持ち」を言葉で伝えよう
- □くやしさをエネルギーにかえよう

最も重要なのは「怒り」のコントロール

子どもの感情的な行動について、よく問題になるのは「キレる」子が増えている、というものです。**キレる原因となるのは「怒り」ですが、怒りの背景には、くやしさや不満、さみしさ、嫉妬、劣等感、我慢、焦りなどさまざまな感情が渦巻いています。**

ここでは、感情を爆発させるのではなく、上手に発散したり、言葉で伝えたりするやり方を学びますが、その中でも怒りをうまくコントロールすることに重点を置いています。今の小学校には、怒りの扱い方を知らない、または、普段から小さないらいらを発散できずに抱えこんでいるために、わずかなきっかけで爆発し、手をつけられないほど暴れるという子も少なくありません。こうした問題を解決するために、「怒り」の感情の扱い方は重要なテーマなのです。

前述の通り、怒りの下には、悲しみやくやしさといったさまざまな感情が渦巻いています。そのため、怒りを「我慢しなきゃ」と押しこめてしまうと、怒りの背景にあるマイナスの感情は心にためこまれてしまい、消えることはありません。また、**吐き出し方を間違えれば、押しこんでいた分怒りが増幅されることもあります。**そうならないためにも、怒りをコントロールする術を、複数のトレーニングで伝えていく必要があります。ただし、怒りを感じることは悪いことではありません。「悪いことだから我慢しなくてはいけないのだ」と子どもたちに教えるのではなく、「怒りはだれもが感じるものだから、感じたときにどうするかが大切だ」ということを伝えていきましょう。

キレやすい子どもも、何かがきっかけで怒りが吹き出してしまう子も、小さないらいらを感じられるようになると、感情の爆発を押さえることができます。

まずは「怒っている」ことに気づく練習からスタート

この分野では、**最初に「自分の感情や気持ちに気づこう」というトレーニングから紹介しています。**実は、子どもたちは今この瞬間、自分がどんな気持ちなのか、いらいらしているのか、悲しいのか、くやしいのか、まずそこが実感できていない場合があります。そこで、「怒りを感じている自分」を知るトレーニングから始めます。

自分の感情をキャッチすることにも練習が必要です。例えば怒りを感じたときに、人の体にはさまざまな変化が起こります。心臓がドキドキしたり、体が熱くなったり、呼吸が浅くなったり、汗をかいたりといったことがあるでしょう。感情が高まると、自分の体にどんな変化が起きるのかを知り、その変化に自分自身で気づくことが、怒りをコントロールするための第一歩になります。

そのトレーニングの後、初めて「感情を静めるスキル」を取り上げています。例えば「怒り」を感じたら、深呼吸をする、心の中でゆっくりと10数える、体を動かす、人と話すなど、ワークシートを使いながら、それぞれ自分に合った方法を見つけていきます。

最終的には、気持ちが高ぶったとき、怒りを感じたときに、人にぶつけたり、反射的に行動したりしてしまわないことを目標にしています。「感情をコントロールするスキル」では、これまで取り上げてきたほかの分野のものより複雑な「気持ち」を扱っているため、トレーニングを繰り返し、そのスキルを日常に意図的に生かしていくことがより大切になります。

授業の組み方・進め方

授業は４つのプロセスで組み立てよう

ここからは授業を進めるときのポイントを紹介します。ソーシャルスキルトレーニングの授業は、基本的に４つのプロセスで進めます。これにより、初めて行う人でも授業を展開しやすく、子どもも取り組みやすくなります。手順と進め方のポイントを見ていきましょう。

ウォーミングアップ

「ウォーミングアップ」とは、授業に入る前の雰囲気づくりのことで、その日学ぶトレーニングに関連した簡単な質問や、子どもたちがテーマを身近に感じられるような問いかけをします。時間は５分程度で十分でしょう。

国語や算数といった教科の授業とは少し違って、自分や相手の気持ちを考えたり、伝えたりするソーシャルスキルトレーニングの授業では、子どもたちは無意識のうちに緊張しているものです。リラックスした雰囲気でで授業を始めるためにも、大切な時間になります。

1 インストラクション

「インストラクション」は、その日に学ぶトレーニングや、そのトレーニングを学ぶ目的を説明する時間のことです。例えば算数であれば、「今日は、分数の足し算について学びます」などと伝えていると思いますが、ソーシャルスキルトレーニングも同様です。

ただテーマについて淡々と伝えるのではなく、もしそのスキルがなければ、友達との間にどんな問題が起こってしまうのか、反対にそのスキルを身につけると、どんな効果があるのかといったことを投げかけるとよいでしょう。一方的に教師が説明してしまうよりも、子どもたちが自分で考えることで、そのスキルの必要性を感じ、授業への意欲が高まります。

2 モデリング

「モデリング」は、教師がよい例や悪い例の見本を実際にやってみせる時間のことです。例えば「気持ちのいいあいさつをしよう（P 58 ～ 61）」のソーシャルスキルトレーニングでいえば、よいあいさつ、悪いあいさつなどの見本を見せます。相手役が必要なときは、子どもの1人に声をかけ、演じてもらってもよいでしょう。その後、見本を見た感想を子どもたちにたずね、クラスで会話を広げます。ワークシートに記入する場合は、出た答えを記入していきます。

3 リハーサル

「リハーサル」は、子どもが隣の席の子とペアになり、実際に声に出して演じる時間のことです。先ほどの「あいさつの仕方」であれば、あいさつをする人、される人の役割を交代しながら演じます。その後で、何組かに前に出て発表してもらい、ほかの子どもたちに感想を聞きます。実際にやってみると、恥ずかしくて声が出なかったり、相手の顔が見られなかったりして、うまくできないこともありますが、こうして実践することで、少しずつ身についていきます。

4 フィードバック

フィードバックは、その日学んだトレーニングを振り返ったり、感じたりしたことを確認する時間のことです。ワークシートの最後に「ふり返り」の項目があるので、その日学んだスキルの感想を子どもに書いてもらいましょう。ソーシャルスキルトレーニングは、ほかの教科と違って「正しい答え」というものはありません。その子が感じたことが、その日の学びであり、その子の「ふり返り」になります。

定着化

「定着化」はその名の通り、学んだスキルを日常の中で、子どもが自然に行えるようにしていくことです。例えば、登校したときに「先生、おはようございます！」とあいさつができ、「〇〇ちゃん、ありがとう」と、自然に言えることが目標です。授業で行うソーシャルスキルトレーニングはあくまできっかけづくりです。学んだスキルを日常で意識させるには、教師の働きかけが重要になります。「あれ、あいさつするときは、どんな声だったかな？」など、授業とつながるように声をかけていきましょう。

アドバイス

★「ウォーミングアップ」「インストラクション」などというと構えてしまいますが、手本を見せて、子どもに演じてもらうという流れは、ほかの授業と変わりません。まずは、5つの流れを簡単に頭に入れておきましょう。

次のページで詳しく紹介します

P58～61の「気持ちのいいあいさつをしよう 基本編 」を例に、実際の授業の流れを見ていきましょう。

ウォーミングアップ　5分

緊張をほぐす

授業に入る前に、この日学ぶトレーニングのテーマに関連した簡単な質問をして、子どもたちの緊張をほぐします。

「今日学校に来るまでに、だれとあいさつをしましたか？」「ネコ？　それも大事なあいさつだね」などユーモアを交えて話をします。

1 インストラクション　5分

目的を伝える

その日に学ぶソーシャルスキルトレーニングの目的を伝えて、ワークシートを配ります。なぜ学ぶのか理由がわかると、授業への関心が高まります。

ワークシートを先に配ると、そちらに気をとられ視線が下を向くので、先に目的を伝えましょう。

2 モデリング　10～15分

見本を見せる

ワーク1 で扱う最初の問題を板書するか、ワークシートのイラストを拡大コピーしてはります。その後、身につけさせたいスキルのよい例、悪い例を、教師が実演して見せます。

３～４年生には、違いを感じられるよう動きを大きく。５～６年生には、大げさに行うと照れてしまうので、真剣に演じることを意識しましょう。

3 リハーサル 10～15分

おはよう ございます！
あ… ども…
いい気分だな
こう言われると 気持ちいいな

子どもが練習・実演する

教師の見本をもとに、子どもが隣同士でペアになり、役割を交代しながら、やり取りします。その後、練習したことを、何組かに前に出て発表してもらい、演技を見た子どもたちの感想を聞きます。

> あいさつをする側、される側のどちらの役もやってみることが大切。照れているペアには、教師が入り、間をつなぎましょう。

4 フィードバック 10分

感想を発表し合い、よいやり方を確認する

それぞれが自分のやり方を振り返り、ワークシートの最後にまとめます。

> 子どもによって気づきや理解度は異なるので、どんなことを書いてもOKとし、否定しないようにしましょう。

みんな どうだった？
おはよう！

定着化

実生活で使っていく

実際の生活でスキルを使っていくよう促します。あいさつのスキルであれば、翌日の朝の会に取り入れていくのもいいでしょう。本文では、「定着化」は、フィードバックの項目に、「授業後は、～」という文章で入れています。

アドバイス

★ソーシャルスキルトレーニングは、1回の授業で1テーマを行う内容になっています。モデリングだけ、リハーサルの途中まで、などで終わらないように、時間配分に気をつけましょう。

子どもを引きつける7つのコツ

ソーシャルスキルトレーニングは、いかに子どもに発言し、参加してもらうかが重要です。ここでは、楽しい雰囲気と、だれもが発言しやすい授業をつくるための７つのコツと配慮点を紹介します。

コツ１

子どもの意見はどんな意見であっても否定はしないで

ソーシャルスキルには、算数の「1＋1＝2」のような決まった解答はありません。例えば、「ふわっと言葉・ちくっと言葉」でいえば、「おとなしい」という言葉を、プラスにとるかマイナスにとるかは、子どもによって違うでしょう。明らかに違った発言をした子がいても、「それは違うよね」、「あれ、おかしくないかな」などと否定せずに、まずは「●●くんはちくっと言葉だと思うんだね」などと受け止めましょう。さまざまな考え方を発表していく中で、子ども自身が「何かに気づく」ということが大切です。

そうか Aくんは △△がいいと 思うんだね
○○のほうが うれしいです
えー！ △△のほうが いいよ！

コツ2

子どもの挙手は「グー・チョキ・パー」で意思表示

ソーシャルスキルの授業では、自分の考えを発表する場面があるので、発言にとまどう子どももいます。そこで、手の挙げ方にひと工夫。自信がないときはグーの手を、少し不安があるときはチョキの手を、自信があるときはパーの手で挙手してもらいましょう。教師はパーを挙げている子を当ててもよいですし、チョキを挙げている子の様子をうかがうのもよいでしょう。自信がなくても手を挙げることで、その子の授業への参加意識が高まります。

コツ3

板書するのはポジティブな言葉だけに

子どもたちからは、前向きな発言だけでなく、ネガティブなものも出てくるでしょう。例えば、「めんどくさい」「別に何も思わない」「どちらでもいい」などがそれに当たります。どんな意見も否定せずに受け止めることは必要ですが、板書するときは、ポジティブな言葉だけを書くようにしましょう。視覚から入る情報は、よくも悪くも影響を与えるもの。前向きな言葉だけにしぼることで、「明るい気持ちがする」「うれしくなる」など、思考がポジティブなほうに向かいます。

コツ4

「こんなことは知っているはず」という意識は捨てて

教師が最も気をつけないといけないのが、「こんなことは、教えなくても知っているだろう」という意識で授業を行うことです。例えば、目上の人へのあいさつは「おはよう」ではなく「おはようございます」であることは常識です。もちろん知っている子どもは多いかもしれませんが、それを状況に合わせて使えるかどうか、また、その答えに自信があるかどうかは、別のことです。簡単そうに思えるスキルであっても、ていねいに、真剣に向き合って伝える姿勢が大切です。

コツ5

すべての子の発言を聞き逃さないで

ソーシャルスキルの授業では、子どもの意外な姿を知ることも少なくありません。

例えば、普段おとなしい子が、「あばれる子も、本当はさみしいんじゃないかと思う」など、ハッとするような発言をすることもあります。また、明るい子が「いつも笑顔でいるのは大変……」などともらすこともあります。さりげない発言や表情の変化を見逃さないようにしましょう。

コツ6

ほめるときは 具体的な言葉を添えて

教師の反応は、子どものモチベーションを左右します。子どもたちの演技や感想などは、ささいなことでも、いいところを取り上げて、ほめるようにしましょう。

ほめるときには、「その言葉は、先生でも思いつかなかったな！」「いいところに気がついたね」など、理由を添えることが大切です。こうすると、どんな意見も安心して発表できる雰囲気が生まれます。また、ほめられた子どもが「ミニティーチャー」となって、周りの子どもにアドバイスをするようになることもあります。

コツ7

授業の前に 冷やかさないよう約束を

授業では、気持ちを発表したり、ロールプレイをしたりするので、それを見て冷やかしたり、茶化したりしないことを約束しましょう。冷やかされた子は発表することがいやになってしまいますし、クラス全体がふざけた雰囲気になってしまいます。あらかじめ授業の前に「友達の発言をきちんと聞く」「友達のやっていることをまじめに見る」「茶化さない」「ふざけない」「発表が終わったら拍手をする」という約束をしておきましょう。

授業の組み方・進め方

初めてでもできる授業への取り入れ方

ソーシャルスキルトレーニングは、新年度からでも、学期の途中からでも行うことができます。ここからは、初めて取り組む方でも実践しやすいよう、基本的な授業への取り入れ方や、本書の活用法などを紹介します。

道徳の授業に組みこむのが理想的

ソーシャルスキルトレーニングを授業に取り入れたいと思っても、算数や理科などのほかの教科と違って明確な答えがなく、比較的新しい取り組みでもあるため、ちゅうちょする方も多いようです。また、取り入れたいと思っても、一年間の授業のカリキュラムが詰まっているので、どの時間に組みこんでいいのかわからないという声も聞かれます。

いちばんおすすめなのが、**道徳の授業にソーシャルスキルを組みこむことです。ソーシャルスキルトレーニングを、月1回、道徳の授業に行うのもよいでしょう。**毎月継続して行うことで、スキルが段階を追って身につきます。

ワークシートはコピーしてそのまま使える

本書は、1つのトレーニングにつき、1枚のワークシートをつけています。ワークシートは巻末にまとめていますので、初めて授業を行う方は、**ワークシートをコピーして子どもに配って使うのがおすすめです。**

すでに何度か取り組んだことのある方は、ワークシートの質問文を変えたり、応用の質問をプラスしたり、創意工夫をしながら、自由に使うとよいでしょう。

ただし、「ウォーミングアップ」から「フィードバック」までの5つのプロセスで行う基本は崩してはいけません。今日は「モデリング」だけ、翌日は「フィードバック」だけ、などではなかなか身につかないので、必ず5つの工程を続けて行いましょう。

これだけは守りたい 3つの注意点

ソーシャルスキルトレーニングを行うときに、3つ注意したいことがあります。

1つめは、目的をもって授業を行うこと。先にはぐくみたいスキルを決めてから、ソーシャルスキルトレーニングを選ぶようにしましょう。ただやみくもにワークシートを子どもに配って、淡々と記入させただけでは、ほとんど効果はありません。「子どもたちの『人の話を聞く力』をはぐくみたい。だから、相手の気持ちを考えるトレーニングを授業に取り入れよう」など目的をもち、選ぶことが大切です。

2つめは、なるべく授業を定期的に、継続して行うことです。ソーシャルスキルはほかの教科と違って、人との関係づくのスキルを教えるものです。繰り返し行うことで、そのスキルが定着するので、できれば1か月に1回、または、学期がかわるごとに、自分のクラスに合ったペースで続けてみましょう。継続することで、クラスの子どもたちの変化を感じ取れると思います。

3つめは、授業で伝えたスキルをきっかけとして、日常の中へとつなげること。これが最も重要です。あいさつのスキルを学んだら、さっそくその日から使いましょう。例えばあいさつのスキルを学んだ日に、よいあいさつができている子がいたら、「元気なあいさつをしてくれて、気持ちいいな」など、その場でほめることが大切です。授業をきっかけにして、いかに日常につなげられるか。それにによって、子どもたちの成長がかわっていくことでしょう。

次のページから授業への取り入れ方を紹介します

初めての人にもおすすめ！

方法1　やりたいテーマを選んで行う

本書のソーシャルスキルトレーニングは、どこからでも始められるようになっています。例えば、クラスで人を傷つけるような言葉が飛び交っているのが気になるのであれば、『ふわっと言葉・ちくっと言葉（P88 ～ 91）』のトレーニングを選ぶとよいでしょう。子ども同士のけんかやぶつかり合いが多いことが気になるのなら、『相手の気持ちを想像しよう（P92 ～ 99）』や『きちんと謝ろう（P130 ～ 137）』などを選んでもよいでしょう。

また、**学期がかわるごとに『ふわっと言葉・ちくっと言葉』など同じトレーニングを行うこともおすすめです。**同じ内容でも、人間関係がスタートした新学期と、関係ができてきた時期、年度末では、子どもたちから出てくる言葉や、お互いの影響力が違ってきます。今、子どもたちに足りないスキルは何か、はぐくみたいものは何か、その時々の目的に合ったものを選びましょう。

方法2 4つの分野を横断的に行う

本書では、ソーシャルスキルトレーニングを4つの分野に分けています。**各分野のトレーニングの中から関心のあるものを2～3個選び、1年かけて順番に行うのもよいでしょう。**例えば3年生の1学期には「友達づくりのスキル」から3つを選び、夏から秋にかけては「相手の気持ちを考えるスキル」から、秋から冬には「自分の気持ちを伝えるスキル」から、進級前には「感情をコントロールするスキル」からというように、年間を通して進めます。

順番にトレーニングを重ねることで、「前に、気持ちのいいあいさつの仕方を練習したよね。今度は『ふわっと言葉・ちくっと言葉』を入れて、お友達がうれしくなるあいさつを考えてみよう」などと、関連づけて子どもたちに教えることができます。できれば、「一年間で育てたいクラスの子どもたちの姿」を明確に描いてソーシャルスキルトレーニングを選ぶとよいでしょう。

新年度には
夏ごろには
2学期には
進級前には
相手の気持ち
私はこれがやりたい
イライラしたら…
友達づくりのスキル
相手の気持ちを考えるスキル
自分の意見を伝えるスキル
感情をコントロールするスキル
4つの分野のスキルを、通して学ぶ

年間を通して履修モデルをつくる

　ソーシャルスキルトレーニングの授業に慣れてきた方や、すでに**ソーシャルスキルを行ったことがある方は、「道徳」の指導計画に組み込み、年間通して行うのがおすすめです。**例えば毎月４回ほどある道徳の授業の１回を、ソーシャルスキルにあてるイメージです。４月は、自己紹介のトレーニング、５月は友達と会話を続けるトレーニング、６月は相手の気持ちを考えるトレーニングというように、クラス子どもたちの発達や子どもたちの現状に合わせて、毎月の内容をピックアップしていきます。継続して取り組むことで、より深い人間関係を築くことへとつながります。

３～４年生なら

　３～４年生は、あまり複雑な感情を扱うトレーニングよりも、各分野の最初のほうで紹介している**基本的な人間関係に関わるものを選ぶとよいでしょう。**例えば「相手の気持ちを考える分野」でいえば、注意の仕方や、誘いを上手に断るといったソーシャルスキルトレーニングは、少し複雑で、難しいといえます。それよりも、「ふわっと言葉・ちくっと言葉」のように、日常的に使う基本的なものをおすすめします。

　３～４年生で学んだことが、５～６年生のソーシャルスキルトレーニングの土台となります。

５～６年生なら

　５～６年生は、より心理的に発達してきます。**複雑な心情を扱うスキルを選んでもよいのですが、**子どもたちにはクラス替えのたびに新しい友達関係を築くことになるので、**年度初めだけは自己紹介の仕方（応用編）など、基本的なものを行うとよいでしょう。**

　また、４月以降は、今、自分のクラスの子どもたちにはぐくみたいスキルを選び、独自に進めます。

　４つの分野を１年間学ぶ、「感情をコントロールするスキル」など１つの分野に重点をおき、その中のトレーニングを繰り返し行うのもよいでしょう。

3～4年生の担任の場合

うちのクラスは言葉遣いが気になるわ
うざい
きも～い
あいさつの仕方…
おはよう!
ふわっと言葉・ちくっと言葉
応援しているよ!
ありがとう…

5～6年生の担任の場合

提案の仕方…
はい!
上手な頼み方…
手伝ってもらえる?
言いたいことが言えなくて悩んでいる子が多いかな

コラム
使える資料集

ふわっと言葉・ちくっと言葉

第1章のP26～27、第2章のP88～91で紹介している「ふわっと言葉・ちくっと言葉」の指導で使える資料集です。これを参考に、子どもたちから出てくる「ふわっと言葉・ちくっと言葉」を追加していきましょう。

ふわっと言葉	ちくっと言葉

ほめる言葉 ・すてきだね　・それいいね ・さすがだね　・上手だね ・頼りになるね　・すごいね ・今度、教えてね　・見習いたいな	**傷つける言葉** ・うざい　・きもい　・意味わかんない ・ばか　・黙ってろ　・役立たず ・ありえない　・何やってんの？ ・やばくない？　・ちくった
励ます言葉 ・がんばれ　・大丈夫だよ ・気にしないで　・一緒にやろうよ ・次はできるよ　・ドンマイ ・応援してるよ　・その調子！	**命に関する言葉** ・死ね　・この世からいなくなれ ・消えろ　・おまえなんかじゃまだ ・そばによるな　・殺すぞ ・ぶっ殺す　・ぶっつぶす
認める言葉 ・すごいね　・楽しいね ・やったね！　・よかったね ・仲間だよ　・かっこいいね ・最高だね！　・うれしいね	**体や容姿にかかわる言葉** ・デブ　・ぶさいく　・きたない ・へんな顔　・ちび　・へんな髪型 ・暗い　・なんか変 ・のっぽ　・ガリガリ
感謝の言葉 ・ありがとう　・○○さんのおかげだよ ・うれしかった　・この気持ちを、忘れないよ ・助かったよ ・感謝しているよ	**体の動きや性格に関する言葉** ・のろま　・まぬけ　・暗い ・でしゃばり　・わがまま　・つまんない ・うるさいやつ　・そんなのもできないの？　・ぐず ・しょぼい

第2章

実践編
ソーシャルスキルトレーニング

ここからは、ソーシャルスキルトレーニングを紹介します。どこからでも始められますし、最初から通して行うこともできます。ワークシートには、子どもに身近なトラブルが入っていますので、実生活にも役立つ内容になっています。

友達づくりのスキル

実践編

「友達づくりのスキル」の分野では、人間関係を築く第一歩である「あいさつのスキル」から始まります。１対１の友達づくりはもちろん、集団やグループに対する関係づくりのスキルもあるので、クラスの状況に合わせて選んでいきましょう。

▶▶この分野ではぐくみたい「ねらい」

このスキルで取り上げるのは、「友達になるきっかけづくり」のソーシャルスキルトレーニングです。クラスが変わると、昨年までの友達関係はリセットされてしまいます。子どもたちはクラス替えのたびに、ゼロから関係を築かなくてはなりません。たとえ1年生のときから同じ学校に通っている同級生でも、新年度はクラスの子のほとんどが、「初めて出会う友達」という感覚をもつことでしょう。

この分野で学ぶのは、あいさつの仕方や初対面の人への話しかけ方など、一生を通して人間関係づくりの基礎となるスキルばかりです。あ

取り上げるスキル	内容
□ 気持ちのいいあいさつをしよう（基本編）	●1日のあいさつ ●友達とのあいさつ
□ 目上の人へのあいさつを知ろう（応用編）	●先生へのあいさつ ●いろいろな人へのあいさつ
□ 楽しく自己しょうかいをしよう（基本編）	●「自己紹介」を考える
□ 関係が深まる自己しょうかいをしよう（応用編）	●「自己紹介」を考える
□ 新しい友達をつくろう	●初めて会った子とのあいさつ ●もっとおたがいのことを知る
□ 仲よしグループに入れてもらおう	●グループに気持ちよく入れてもらう ●グループの子と、もっと仲よくなる
□ 友達と会話を続けよう	●相手が話しやすいふん囲気をつくろう ●やり取りを続けよう

いさつなんて簡単、練習なんて必要ない、と思うかもしれません。でも頭でわかることと、実際にできることとは違います。実際に授業の中で、緊張感や恥ずかしさを感じながら、あいさつのやり取りをすることで、実生活でも、きちんとできるようにつなげていきましょう。

▶▶こんな活用の仕方がおすすめ!

この分野のトレーニングは、新年度がスタートした時期に行うのがおすすめです。毎年、どのクラスでも必ず自己紹介を行うと思いますが、そのときに「楽しく自己紹介をしよう」のトレーニングを取り入れると、これまでの「名前と出席番号を言って……」という自己紹介とはひと味違ったスタートを切れることでしょう。ぜひ、自己紹介が終わった後のクラスの雰囲気を感じてみてください。子どもたちの表情が変化したことに気づくでしょう。また、同じトレーニングでも、新学期が始まるたびに行うのもおすすめです。同じクラスでも、友達関係が深まっているので、子どもたちの違った反応が見えてくるでしょう。**また、学年が上がるにつれてグループ関係が複雑になるので、年度の初めのうちに「新しい友達をつくろう」「仲よしグループに入れてもらおう」といったトレーニングを行うことも、子ども同士のトラブルを避けるために重要です。**

ねらい

・おはよう、こんにちは、ありがとうなど、基本的なあいさつを知る
・気持ちのいいあいさつについて知る

・目上の人に対するあいさつを知る
・礼儀正しいあいさつの言葉と態度を知る

・自分のアピールの仕方を知る
・発表するときの声の大きさを知る

・自分のことをよく知り、より深い自己紹介をする
・相手に届く発表の仕方を知る

・１対１の初対面の子への声のかけ方を知る
・初対面の子への、上手な質問の仕方を知る

・集団に対する声のかけ方を知る
・仲よくなりたいと思われる、表情や態度があることに気づく

・聞き上手が、会話を弾ませることに気づく
・気持ちのいい受け答えがあることを知る

友達づくりのスキル

気持ちのいいあいさつをしよう 基本編

あいさつは、コミュニケーションの基本です。しかし、年齢が上がると、あいさつの言葉は知っていても、恥ずかしいからしないという子も少なくありません。気持ちのいいあいさつの仕方を学ぶとともに、なぜあいさつが大切なのかということも、あわせて伝えていきましょう。

授業の進め方

板書の始め方

●気持ちのいいあいさつをしよう

〈あいさつの場面〉		〈どんなあいさつをする？〉
朝、起きたとき	→	・おはよう
朝ご飯を食べるとき	→	
食べ終わったとき	→	
学校へ行くとき	→	

Point 1 モデリングで、ワーク1から４場面を選び板書する。ワークシートのイラストを拡大コピーしてはってもよい。

Point 2 ワーク1に対する子どもの答えを板書する。

ウォーミングアップ（導入） 5分

①「わたしたちは朝から晩まで、いろいろなあいさつをして暮らしています。どんなあいさつの言葉を知っているかな？」「学校に来るまでに、だれとあいさつをしたかな？」などと質問する。

②「おはよう」「こんにちは」といったあいさつや、「お父さんとしたよ」など、さまざまな答えが出たところで、「気持ちのいいあいさつをすると、とても気分がいいよね」など声をかけながら、インストラクションにつなげる。

1 インストラクション
トレーニングの目的を伝える

5分

- 「気持ちのいいあいさつをできるようにしよう」と、目的を伝える。
- ワークシートを配布する。

ねらい

・あいさつには多くの種類があり、自分たちが無意識のうちに毎日たくさんのあいさつをしていることに気づかせる。

2 モデリング
手本を見せる

10～15分

- ワーク1の1問目。8場面のうち、4場面のイラストを黒板にはるか板書し、子どもに質問する。板書！
- 子どもの意見を板書する。残りの問題は、子どもがワークシートに記入する。板書！
- ワーク2の1問目。3つの場面を教師が演じる。子どもはワークシートに○をつけ、下の空欄に意見を書く。数人に、自分の書いた答えを発表してもらう。

ねらい

・場面にあった「あいさつの言葉」を書き入れながら、そのあいさつを交わす「意味」を考えさせる。

・声の出し方や表情によって、「気持ちのいいあいさつ」になることに気づかせる。

3 リハーサル
子どもが練習・実演する

10～15分

- ワーク2の2問目に、子どもが記入する。
- 隣の子とペアになり、書いたセリフを、声に出してやり取りする。
- 2～3組のペアに前に出てもらい、やり取りしたことを発表してもらう。

ねらい

・友達の発表を見て、いろいろなあいさつや、あいさつの仕方があることに気づかせる。

・「気持ちのいいあいさつ」を交わすことで気分がよくなることが実感できるよう促す。

4 フィードバック
振り返る

10分

- 今日の学習を振り返り、それぞれ「ふり返り」に記入する。
- 時間があれば、数人に感想を発表してもらう。

ねらい

・一人一人の「気づき」を書かせる。

・授業後は、朝の会や給食の時間に、今日習ったスキルを意識したあいさつを取り入れる。

次のページでワークシートの解説をします

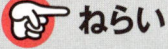

ワークシートの解説

ワーク1では、朝起きてから夜寝るまでの、基本的なあいさつを確認します。ワーク2では、いちばん身近な「友達」との気持ちのいいあいさつについて学びます。

友達《ともだち》づくりのスキル

基本編《きほんへん》

気持ちのいいあいさつをしよう

年 組

名前

ワーク1 1日のあいさつ

◆どんなあいさつしてるかな？ 1日のあいさつをふり返ってみよう。

朝、起きたとき
＜例＞
・おはよう。

朝ご飯《はん》を食べるとき・終わったとき
＜例＞
・いただきます。
＜例＞
・ごちそうさまでした。

学校へ行くとき
＜例＞
・いってきます。

朝、友達《ともだち》に会ったとき
＜例＞
・おはよう。

帰り道で近所の人に会ったとき
＜例＞
・こんにちは。

友達《ともだち》と別《わか》れるとき
＜例＞
・また明日ね。

家に帰ったとき
＜例＞
・ただいま。

ねる前に
＜例＞
・おやすみなさい。

Point
「何も言わずに食べ始めたら、作ってくれた人はどんな気持ちになるだろう」と問いかけ、相手の気持ちに気づかせる。

Point
「いってきます」を言わずに出ると、家の人が心配することを伝える。

Point
だれもいない家に帰る子どもは、「ただいま」と言う習慣がないことも。たとえ家にだれもいなくても、元気に帰った証として、また防犯上からも「ただいま」を言うことの大切さを伝える。

Point
近所の人に対しては、あいさつができない子が多い。安全面からも、普段から近所の人にあいさつすることの大切さを伝える。

ワークのねらい

いろいろなあいさつの種類と、気持ちのいい仕方、そしてそれぞれのあいさつを交わす意味について学びます。あいさつの練習をするときは、相手の目を見て、元気に、ある程度大きな声で行いますが、大きな声が出ない子は、できる範囲でOKとしましょう。無理強いすると、あいさつに苦手意識をもつこともあるので注意が必要です。相手の目を見るのが苦手な子は、体を相手に向けてあいさつするだけでもよいでしょう。楽しみながら身につけることを大切にします。

Point 「友達との朝のあいさつをやってみるよ」と声をかけ、教師が演じる。上手にできるかどうかよりも、まじめに、わかりやすく演じることが大切。

ワーク2 友達《ともだち》とのあいさつ

◆朝、友達《ともだち》に会ったときのあいさつで、いちばんいいものはどれだろう。

おはよう！
○
……。
おはようございます。

どうしてそう思ったのかな？

<例>
- 「おはよう！」がいちばんうれしい。
- 友達に「おはようございます」といわれるのはへんなかんじ。

Point 「おはようございます」という、ていねいなあいさつは、友達と交わすとよそよそしい感じがすることを引き出す。

◆一緒《いっしょ》に下校した友達《ともだち》と別《わか》れるときは、どんなあいさつをすればいいのかな？

じゃあ、ぼくこっちだから。

<例>
- さようなら。
- ばいばい。
- また明日。

Point あいさつしないで別れる子も多いので、あいさつをすると、楽しい気持ちで一日を終えられることを説明するとよい。

ふり返り

<例>

あいさつって 気持ちいい。楽しい。

あいさつをすると、友達《ともだち》と なかよくなれる

わたしはこれから 元気にあいさつをします

Point 1日にいろいろな人とあいさつしていることを確認する。また、気持ちのいいあいさつは、お互いに気分がよくなることや、よい印象をもたれることにも気づかせたい。

友達づくりのスキル

目上の人へのあいさつを知ろう 応用編

先生や目上の人、初対面の人には、友達と交わすのとは違う、「ていねいなあいさつ」があります。少し難易度が高いですが、さまざまな年齢や立場の人ともあいさつが交わせるよう練習しましょう。また、表情やおじぎの仕方によっても、印象が変わることを意識させましょう。

授業の進め方

板書の始め方

●先生へのあいさつを考えよう

〈あいさつの場面〉		〈どんなあいさつをする？〉
朝、先生に会ったとき	→	・おはようございます
職員室に入るとき	→	
悪いことをしてしまったとき	→	
お礼を言うとき	→	

Point 1 モデリングで、ワーク1の２問目を板書する。ワークシートのイラストを拡大コピーしてはってもよい。

Point 2 ワーク1の２問目に対する子どもの答えを板書する。

ウォーミングアップ（導入）　5分

①「朝、こんなあいさつをしていたら、どう思う？」と言って、子どもが校長先生に「おはよう」とあいさつをしている場面と、子ども同士で「おはようございます」とあいさつする様子を演じて見せる。

②「このあいさつでいいのかな？」と、子どもたちに問いかける。「変な感じがする」「いつもと違う～」など、いくつか意見が出たところで、「相手によって、あいさつは変わるよね」と言いながら、インストラクションにつなげる。

1 インストラクション
トレーニングの目的を伝える

5分

- 「目上の人へのあいさつや、いろいろな場面に応じたあいさつができるようになろう」と、目的を伝える。
- ワークシートを配布する。

ねらい

・目上の人に対しては、友達とは違うあいさつがあることを伝える。

2 モデリング
手本を見せる

10～15分

- ワーク1の1問目。3パターンのあいさつを教師が演じる。子どもに意見を聞き、確認しながら板書する。子どもは、ワークシートに○を記入する。板書!
- ワーク1の2問目。子どもから出た答えを板書する。子どもはシートに記入する。板書!
- ワーク1の3問目。目上の人と友達へのあいさつの違いについて、自由に感じたことを記入する。数人にそれを発表してもらう。

ねらい

・目上の人に、友達と同じあいさつをすると違和感があることに気づかせる。

・具体的に、目上の人へのあいさつと、友達へのあいさつが「違う」ということを実感させる。

3 リハーサル
子どもが練習・実演する

10～15分

- ワーク2に、子どもがセリフを記入する。教師が見本を演じて見せてもよい。
- 隣の子とペアになり、書いたセリフをやり取りする。
- 2～3組のペアに前に出てもらい、やり取りしたことを発表してもらう。

ねらい

・友達の発表を見て、目上の人に対するさまざまな言い方があることに気づくようにする。

4 フィードバック
振り返る

10分

- 今日の学習を振り返り、それぞれ「ふり返り」に記入する。
- 時間があれば、数人に感想を発表してもらう。

ねらい

・一人一人の「気づき」を書かせる。

・授業後は、日常の中で、教師や来客、近所の人たちにあいさつができるよう促す。

次のページでワークシートの解説をします

ワークシートの解説

ワーク1 では、目上の人へのあいさつの態度や言葉遣いについて確認します。ワーク2 では、さまざまな状況に合わせた、少し高度なあいさつを学びます。

友達《ともだち》づくりのスキル

応用編《おうようへん》

目上の人へのあいさつを知ろう

名前

> **Point** 「相手に合わせたあいさつができると、かっこいいよね」など、やる気を高める言葉かけで始めるとよい。

ワーク1 先生へのあいさつ

> **Point** 首だけを下げるおじぎ、腰から曲げるおじぎなどを教師が演じ、ていねいさの度合いが異なることを伝える。場面に応じて使い分けることを確認する。

◆先生にするあいさつで、いちばんよいものはどれだろう？

> **Point** 「失礼します」は難しいことも。答えが出ない場合は、教師が、無言で職員室に入る場面と、「失礼します」と言ってから入る場面を演じて見せ、どちらがよいか聞いてもよい。

◆先生には、どんなあいさつをすればいいのかな？

朝、先生に会ったとき

<例>
・おはよう
ございます。

職員室《しょくいんしつ》に入るとき

<例>
・失礼します。

悪いことをしてしまったとき

<例>
・ごめんなさい。

お礼を言うとき

<例>
・ありがとう
ございます。

> **Point** 「すみません」は、うっかりしていた、失敗した、という意味合いが強いので、謝るときは、「ごめんなさい」の方がふさわしいことを伝える。

友達《ともだち》にするあいさつと、どこかちがうのかな？

<例>
・先生にはていねいなことば（敬語）であいさつをする。
・先生には「です」「ます」で言う。

> **Point** 友達へのあいさつとは違う言い方があることを、ここで全員で確認する。

ワークのねらい

目上の人へのあいさつは、慣れていないとなかなか難しく、すんなりできないものです。もし、日常生活の中で、職員室に入るときのあいさつや教師へのあいさつが上手にできた子を目にしたら、「すごいね。失礼しますと言えたね」「いいおじぎだったね」などと伝え、目上の人へのあいさつを意識させていきましょう。また、ほとんどの子は、家族や教師以外の大人と１対１で話す機会が少ないため、**ワーク2**は、やや高度かもしれませんが、授業を通して、目上の人のあいさつの語いを増やしていきましょう。

ワーク2 いろいろな人へのあいさつ

> **Point** ワーク2はやや難易度が高いので、①無視する ②「あっち」などの間違った対応 ③正しい対応、を教師が演じ、答えを選ばせてもよい。

◆次の場面では、どんなふうに答えればいいのかな？

学校へ来たお客さんに、職員《しょくいん》室《しつ》の場所を聞かれたとき

こんにちは、職員室はどこかな？

＜例＞
- こんにちは。職員室はこちらです。
- わたしがご案内します。

> **Point** 語いが少なく、ていねいなあいさつの言葉を思いつかない子が多い場合は、書けている子の答えを読み上げたり、教師が提示したりするとよい。

お母さんの知り合いから電話があり、「お母さんにかわってください」と言われたとき

お母さんにかわってください。

＜例＞
- はい、少々お待ちください。今、母にかわります。

> **Point** 外の人には「お母さん」ではなく、「母」と言うことを伝える。

おばあさんの落としたハンカチを拾ったら、お礼を言われたとき

ほんとうに助かったわ。ありがとう。

＜例＞
どういたしまして。

> **Point** 「ありがとう」と言われたときは、「どういたしまして」のひと言が言えると、お礼を言った人もうれしくなることに気づかせる。

ふり返り

＜例＞
- 目上の人へのあいさつは、ていねいな言葉でする。
- 「どういたしまして」と言えるようになる。
- 今度から職員室に入るときに、「失礼します」と言うようにする。

> **Point** 一人一人が印象に残ったこと、理解したことを何項目でも自由に書かせる。子どもたちの理解度を測り、今後の指導に生かす。

楽しく自己紹介をしよう 基本編

自己紹介は、ある程度準備をしてから行わなければ、中身のないものになってしまいます。自己紹介でいちばん大事なポイントは、「自分を見つめる」こと。簡単なワークシートを使って子どもが自分自身をよく知り、それを発表していく機会にしましょう。

授業の進め方

板書の始め方

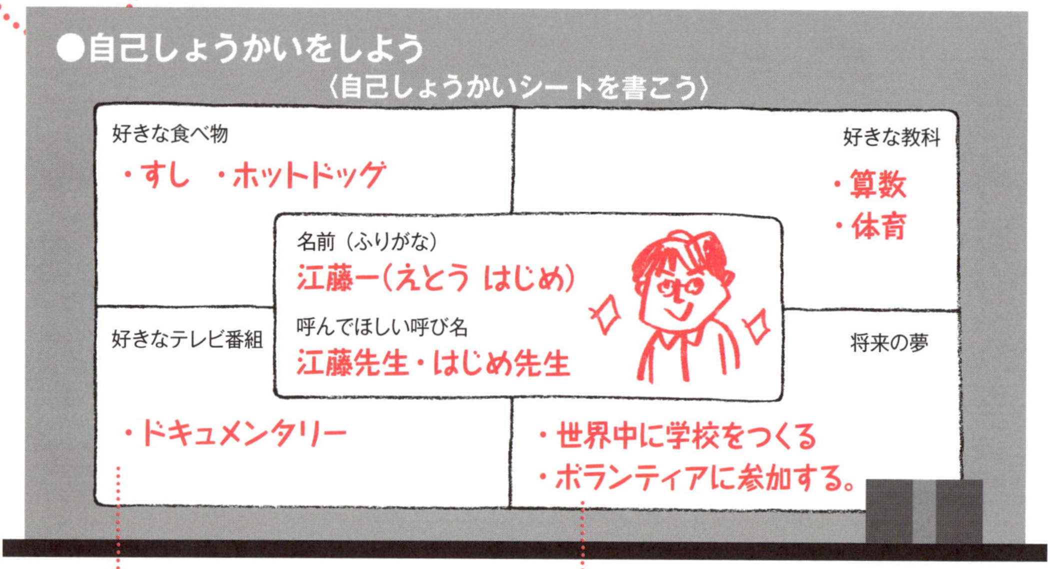

●自己しょうかいをしよう
〈自己しょうかいシートを書こう〉
好きな食べ物
・すし　・ホットドッグ
好きな教科
・算数
・体育
名前（ふりがな）
江藤一（えとう はじめ）
呼んでほしい呼び名
江藤先生・はじめ先生
好きなテレビ番組
・ドキュメンタリー
将来の夢
・世界中に学校をつくる
・ボランティアに参加する。

Point 1 ウォーミングアップで、ワーク1の「自己しょうかいシート」と同じ内容を板書する。

Point 2 モデリングで、教師の自己紹介を板書する。楽しい雰囲気をつくるために、将来の夢に、「ウルトラマンになる」などと書いてもよい。

ウォーミングアップ（導入）

5分

① 黒板に、ワーク1の「自己しょうかいシート」と同じ枠組みを書いておく。

②「自己紹介ってどういう意味か、知っているかな？」と質問する。「自己、というのは自分のこと。紹介、というのは、人に知らせてわかってもらうことだよ」と説明する。

③「自分のことをわかってもらうために必要なことは何だろう？」と問いかけながら、インストラクションにつなげる。

1 インストラクション
トレーニングの目的を伝える

5分

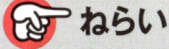

- 「新しく仲間になったクラスのみんなに、自分のことをよく知ってもらおう」と、テーマを伝える。
- ワークシートを配布する。

ねらい

・自己紹介をするには、まず自分をよく知らなければならないことを知らせる。

・自分をよく知っていると、短い時間で多くの情報を伝えられることを伝える。

2 モデリング
手本を見せる

10～15分

- 板書した ワーク1 の「自己しょうかいシート」に、教師が自分の紹介を、声に出しながら書く。 板書！
- 書いた内容を子どもたちに発表する。

ねらい

・教師は、声に出しながら自己紹介の内容を書き込み、子どもを引きつける。

3 リハーサル
子どもが練習・実演する

10～15分

- ワーク1 の「自己しょうかいシート」に子どもが記入する。
- 隣の子とペアになり、自分の「自己しょうかいシート」を見ながら自己紹介の練習をする。
- 一人ずつ前に出て、「自己しょうかいシート」を見ながらクラスのみんなに向かって自己紹介を行う。

ねらい

・友達の発表を聞き、相手のことを知ると、その人へ興味が高まることを実感させる。

・声の出し方や態度によって、聞き手の受ける印象が異なることに気づかせる。

4 フィードバック
振り返る

- 「自己しょうかいシート」を教室に掲示する。

ねらい

・授業後は、「自己しょうかいシート」を一定期間教室に掲示し、クラスの仲間意識を高め、共通の話題を見つけるのに役立てる。

模造紙などに、木の絵を大きくかくか、木の形に切る。
クラス全員の「自己しょうかいシート」をはる。

次のページでワークシートの解説をします

ワークシートの解説

興味のあることを書き出すことで、自分について考えるきっかけとなるワークシートです。
項目を少なくしているので、3、4年生でも書きやすいでしょう。

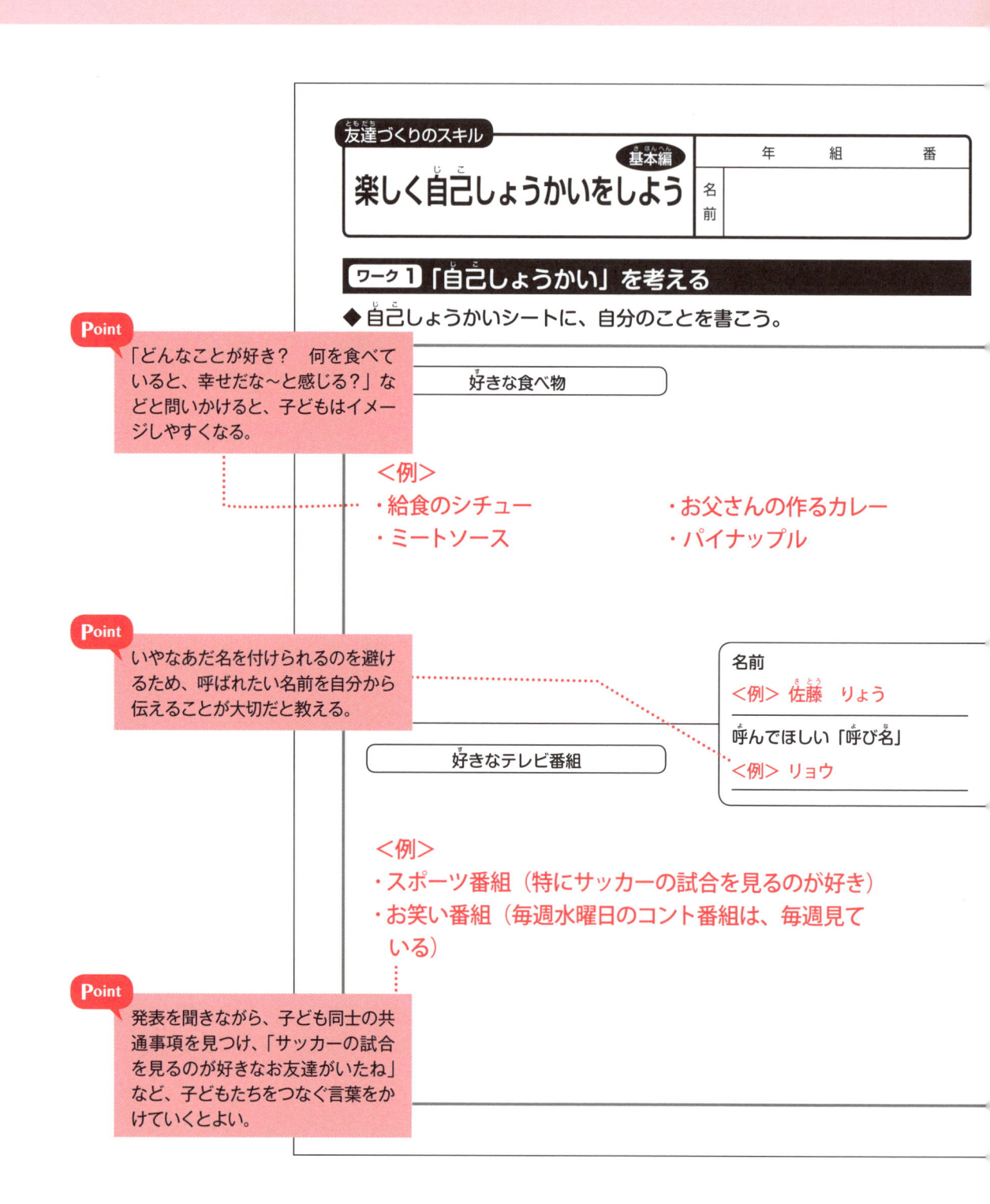

友達《ともだち》づくりのスキル

基本編《きほんへん》

楽しく自己《じこ》しょうかいをしよう

年　組　番
名前

ワーク1 「自己《じこ》しょうかい」を考える

◆自己《じこ》しょうかいシートに、自分のことを書こう。

Point

「どんなことが好き？　何を食べていると、幸せだな～と感じる？」などと問いかけると、子どもはイメージしやすくなる。

好《す》きな食べ物

＜例＞
・給食のシチュー
・ミートソース
・お父さんの作るカレー
・パイナップル

Point

いやなあだ名を付けられるのを避けるため、呼ばれたい名前を自分から伝えることが大切だと教える。

名前
＜例＞ 佐藤《さとう》　りょう

呼《よ》んでほしい「呼《よ》び名《な》」
＜例＞ リョウ

好《す》きなテレビ番組

＜例＞
・スポーツ番組（特にサッカーの試合を見るのが好き）
・お笑い番組（毎週水曜日のコント番組は、毎週見ている）

Point

発表を聞きながら、子ども同士の共通事項を見つけ、「サッカーの試合を見るのが好きなお友達がいたね」など、子どもたちをつなぐ言葉をかけていくとよい。

ワークのねらい

自己紹介は、単に相手に名前や趣味を知らせるだけではなく、子どもが自分に向き合う、自分のことをよく知るきっかけにもなります。「ぼくってこんなことが好きなんだ」「私はやっぱり○○になりたい」。そのように、本人が自分自身に気づくことができるよう、授業を進めましょう。また、「自己しょうかいシート」の項目は、基本的なものにしていますが、「がんばっていること」や「得意なこと」などにかえるのもおすすめです。周りの人に「すごいね！」と認められることで、自分への自信が生まれます。

「好《す》きな食べ物」は
たくさんあって
迷《まよ》うな！
わたしは
音楽が好《す》き！

好《す》きな教科

Point
好きな教科の中でも特に好きなジャンルや得意なことを書くと、発表したときに、より詳しく自分のことが伝わると説明する。

<例>
・体育（水泳のクロールが得意！）
・体育（ダンスが上手になりたい！）
・社会（特に、歴史が好き）

似顔絵《にがおえ》

Point
色鉛筆などで自分の顔を描く。

将来《しょうらい》の夢《ゆめ》

Point
友達の夢は、絶対に冷やかしたり批判したりしないことを、発表前に約束しておく。

<例>
・お笑い芸人になりたい！
・お笑い芸人になれなかったら、歴史番組をつくる人になりたい。
・最近はダンサーになるのもいいなと思う。

Point
自己紹介が終わったら拍手する約束も忘れずに。拍手をされると、自分が認められたと感じ、うれしくなることを確認する。

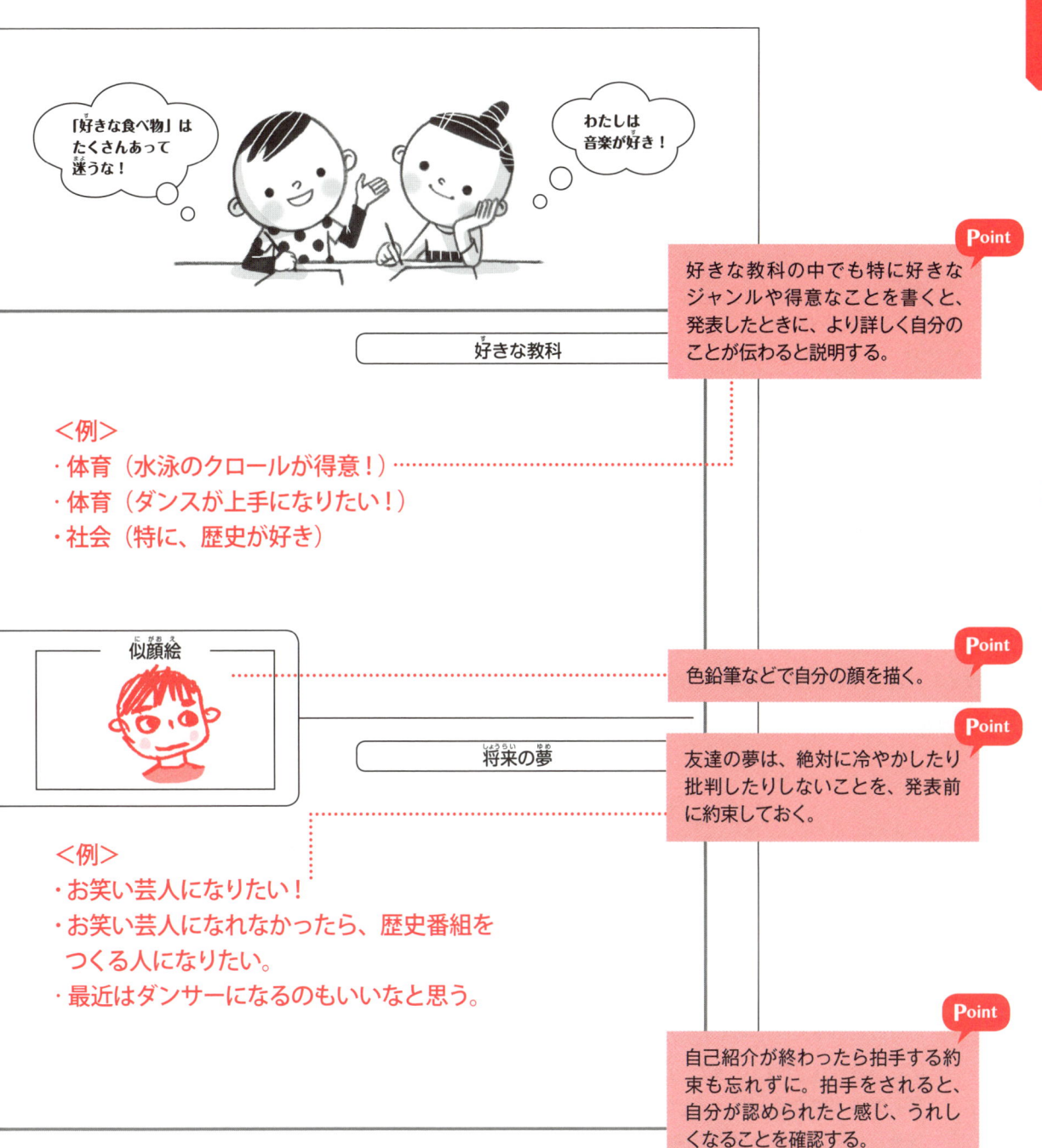

友達づくりのスキル

関係が深まる自己紹介をしよう 応用編

自己紹介の応用編では、自分の好きなもの、好きなことを知るだけでなく、「なぜ好きなのか」という理由にまで踏みこむことで、より深く自分の内面を見つめます。自分を深く知ることで、自分のことをより正確に、余裕と自信をもって人に理解してもらえることを実感させましょう。

授業の進め方

板書の始め方

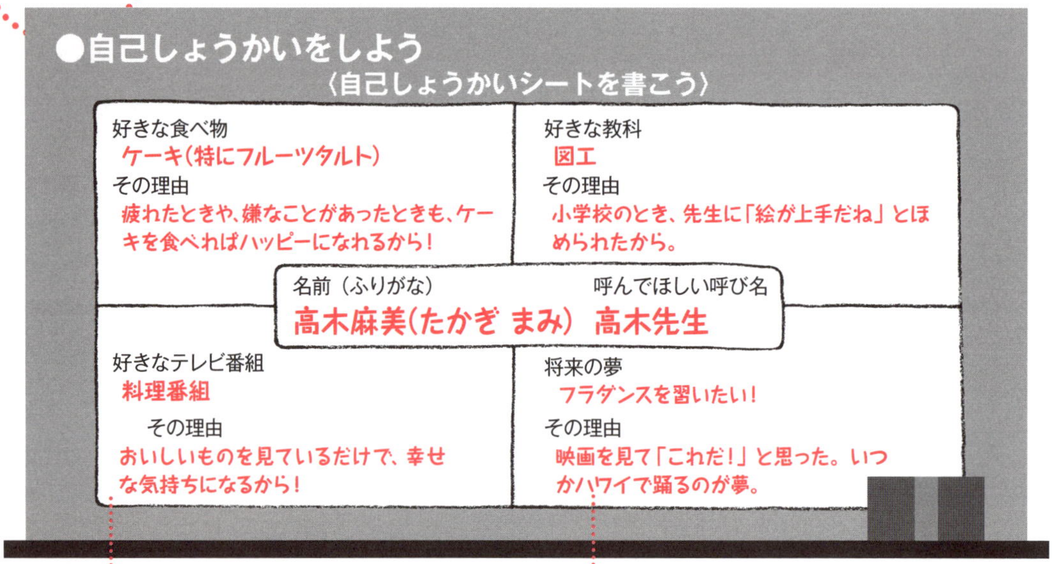
●自己しょうかいをしよう
〈自己しょうかいシートを書こう〉
好きな食べ物
ケーキ（特にフルーツタルト）
その理由
疲れたときや、嫌なことがあったときも、ケーキを食べればハッピーになれるから！
好きな教科
図工
その理由
小学校のとき、先生に「絵が上手だね」とほめられたから。
名前（ふりがな）
高木麻美（たかぎ まみ）
呼んでほしい呼び名
高木先生
好きなテレビ番組
料理番組
その理由
おいしいものを見ているだけで、幸せな気持ちになるから！
将来の夢
フラダンスを習いたい！
その理由
映画を見て「これだ！」と思った。いつかハワイで踊るのが夢。

Point 1 ウォーミングアップで、ワーク1の「自己しょうかいシート」と同じ枠を板書しておく。

Point 2 モデリングで、「なぜ好きなのか」「なぜそう思うのか」という理由を板書する。

ウォーミングアップ（導入）

5分

① 黒板に、ワーク1の「自己しょうかいシート」と同じ枠組みを書いておく。

②「自己紹介って、自分の番が来ると、緊張してうまく言えないことがあるよね。なぜだと思う？」と質問する。

③ いくつか意見を聞いた後で、「自分のことがよくわからない、何も準備ができていない、というときは、緊張するよね。では今日は、いつもと違う自己紹介をしよう」と言いながら、インストラクションにつなげる。

せんせい

1 インストラクション
トレーニングの目的を伝える

5分

- 「初対面の人に自分のことをよく知ってもらえるよう、きちんと準備をして、自信をもって自己紹介をしよう」と、テーマを伝える。
- ワークシートを配布する。

ねらい

・自己紹介は、発表よりも準備（自分を知ること）が重要だと知らせる。

・準備をしていれば、緊張していてもうまくできると実感させる。

2 モデリング
手本を見せる

10～15分

- 板書した ワーク1 の「自己しょうかいシート」の内容に、教師が自分の紹介を、声に出しながら書く。板書!
- 書いた内容を子どもたちに向って発表する。最初に好きなことを伝え、その後で、理由を説明する。ユーモラスに伝えると盛り上がる。
- 何人かの子どもに、感想を聞いてもよい。

ねらい

・この自己紹介シートで難しいのは、その「理由」を書くこと。教師は「私はなんで○○が好きなんだろう?」と自分に問いかけながら、答えを書く様子を見せる。

3 リハーサル
子どもが練習・実演する

10～15分

- ワーク1 の「自己しょうかいシート」に子どもが記入する。
- 隣の子とペアになり、自分の「自己しょうかいシート」を見ながら、自己紹介の練習をする。
- 1人ずつ前に出て、「自己しょうかいシート」を見ながらクラスのみんなに向かって自己紹介をする。

ねらい

・友達の発表を聞き、普段の自己紹介より、一歩深く相手のことを知ることができると、相手に対しどんな気持ちになるか感じさせる。

4 フィードバック
振り返る

- 「自己しょうかいシート」を、一定期間教室に掲示する（掲示の仕方はP67参照）。

ねらい

・授業後は、「自己しょうかいシート」を一定期間掲示しておき、子どもたちが共通の話題を見つけるのに役立てる。

次のページでワークシートの解説をします

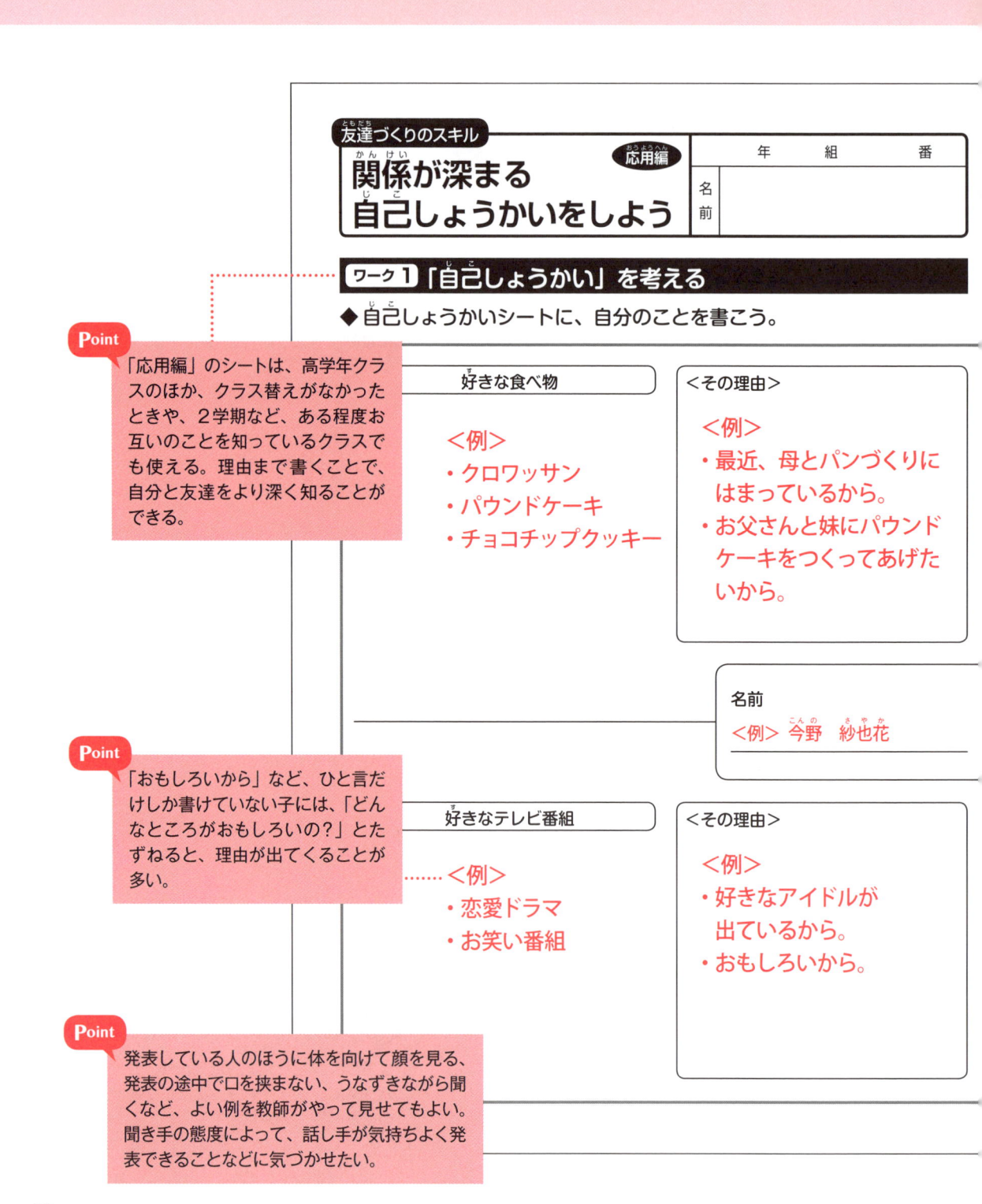

ワークシートの解説

応用編の「自己しょうかいシート」は、好きなものや将来の夢だけでなく、その「理由」まで書くようにしています。なぜ好きなのか考えることで、自分の内面を知ることにつながります。

友達《ともだち》づくりのスキル

関係《かんけい》が深まる自己《じこ》しょうかいをしよう

応用編《おうようへん》

年　組　番	
名前	

ワーク1 「自己《じこ》しょうかい」を考える

◆自己《じこ》しょうかいシートに、自分のことを書こう。

Point

「応用編」のシートは、高学年クラスのほか、クラス替えがなかったときや、2学期など、ある程度お互いのことを知っているクラスでも使える。理由まで書くことで、自分と友達をより深く知ることができる。

好《す》きな食べ物

＜例＞
・クロワッサン
・パウンドケーキ
・チョコチップクッキー

＜その理由＞

＜例＞
・最近、母とパンづくりにはまっているから。
・お父さんと妹にパウンドケーキをつくってあげたいから。

名前

＜例＞ 今野《こんの》　紗也花《さやか》

Point

「おもしろいから」など、ひと言だけしか書けていない子には、「どんなところがおもしろいの？」とたずねると、理由が出てくることが多い。

好《す》きなテレビ番組

＜例＞
・恋愛ドラマ
・お笑い番組

＜その理由＞

＜例＞
・好きなアイドルが出ているから。
・おもしろいから。

Point

発表している人のほうに体を向けて顔を見る、発表の途中で口を挟まない、うなずきながら聞くなど、よい例を教師がやって見せてもよい。聞き手の態度によって、話し手が気持ちよく発表できることなどに気づかせたい。

ワークのねらい

自分の好きなものの理由まで書く「自己しょうかいシート」は少し難しく、高学年向きです。なぜそれが好きなのか、その理由まで考え、自分を把握することで、自信をもって自己紹介ができるようになります。また、高学年の男子になると、発表するときに恥ずかしくて、体を斜めにして立ったり、下を向いたりすることがあります。しかし、きちんと話したほうが、聞き手にとっては気持ちがよいということを伝え、練習を通して、正しい発表の仕方を身につけられるよう指導しましょう。

好《す》きな
勉強かぁ……。
将来《しょうらい》の夢《ゆめ》はダンサー！
習っている子
いるかな…。

Point
「今年がんばりたいこと」など、前向きなテーマに変えてもよい。

好《す》きな教科

<例>
・図工
・家庭科

<その理由>

<例>
・絵を描いているときがいちばん楽しいから。
・料理も好きなので、調理実習が楽しみ。

呼《よ》んでほしい「呼《よ》び名《な》」

<例> こんちゃん／さや

Point
いやなあだ名をつけらるのを避けるため、呼ばれたい名前を知らせておくとよいと教える。

将来《しょうらい》の夢《ゆめ》

<例>
・ブリーダー
・ペットショップを開きたい。
・じゅう医にも興味が出てきた。

<その理由>

<例>
・大好きな犬に囲まれて毎日暮らしたいから。
・いろいろな動物のお世話をしたいから。

Point
さらなる活用法として、「1分間で発表しよう」と時間を区切るのもよい。こうすることで要点をまとめる力も必要になり、やや高度な自己紹介になる。また、授業中の発表やスピーチの練習にもつながる。

友達づくりのスキル

新しい友達をつくろう

今、「友達のつくり方がわからない」という子が増えています。新しい環境で、知らない子と友達になるには、自分から声をかけることが必要です。自分のことを話し、相手のことを知って仲よくなるためには、どのように声をかけ、どんな話をすればいいのか考えていきましょう。

授業の進め方

板書の始め方

●新しい友達をつくろう

〈新しい友達をつくろう〉		〈どんな気持ちがする？〉
いきなりなれなれしく話しかける	→	びっくりする。ちょっと嫌な気持ち。
「名前教えて」と突然話しかける	→	
自己紹介をしてから、名前を聞く	→	

Point 1 モデリングで、ワーク1の１問目を板書する。ワークシートのイラストを拡大コピーしてはってもよい。

Point 2 ワーク1の１問目に対する子どもの意見を板書する。

ウォーミングアップ（導入）

5分

①「新しいクラスになったときや、新しい習い事を始めたとき、どうやって友達をつくったかな？」と聞く。

② いくつか答えが出たら、「友達になるには、自分から話しかけることが大切だね。みんなが話しかけられるのを待っていたら、友達になることはできないよね」と確認し、インストラクションにつなげる。

1　インストラクション　トレーニングの目的を伝える

5分

- 「よい第一印象を与えられる上手な声かけを学び、新しい友達をつくろう」と、目的を伝える。
- ワークシートを配布する。

ねらい

・第一印象とは何かを知り、よい印象を与えることで友達になるきっかけができることを知る。

2　モデリング　手本を見せる

10～15分

- ワーク1 の１問目のイラストをはるか板書する。３つの場面を教師が演じる。板書!
- 子どもの意見を聞き、確認しながら板書する。子どもはワークシートに記入する。板書!
- ワーク1 の２問目。「第一印象って、何だろう」と子どもに問いかる。そして、出てきた意見を確認する。子どもはそれをワークシートに記入する。

ねらい

・自分の声のかけ方、態度によって、相手の受け取り方が大きく変わることに気づかせる。

3　リハーサル　子どもが練習・実演する

10～15分

- ワーク2 に、子どもが記入する。
- 隣の子とペアになり、書いたことをもとにやり取りする。
- ２～３組のペアに前に出てもらい、やり取りしたことを発表してもらう。

ねらい

・会話が弾み、深まっていくのは、共通の話題があるとき。どんな質問をすれば、相手の好きなことや好きなものを知ることができるかを考えさせる。

・友達の発表を見て、さまざまな話題があることに気づかせる。

4　フィードバック　振り返る

10分

- 今日の学習を振り返り、それぞれ「ふり返り」に記入する。
- 時間があれば、数人に感想を発表してもらう。

ねらい

・一人一人の「気づき」を書かせる。

・授業後は、日常の中でも、相手によい印象をもってもらう言葉かけや態度を、意識させていく。

次のページでワークシートの解説をします

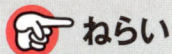

ワークシートの解説

ワーク1 では、出会って間もない友達への声のかけ方と態度について確認します。ワーク2 では、楽しく会話を深めていくための話題の選び方について考えます。

友達《ともだち》づくりのスキル

新しい友達《ともだち》をつくろう

年	
名前	

> **Point**
> （破線の丸）で囲った表情に注目させ、話しかけるときの態度や、姿勢などを、意識させるとよい。

ワーク1 初《はじ》めて会った子とのあいさつ

◆こんなふうに話しかけられたら、どう思う？

なれなれしく話しかける

なあ、
夕べのサッカー
見た～？

相手はどう思うだろう？

＜例＞
・びっくりする。
・「困ったな……」と思う。

とつぜん名前を聞く

ねえねえ、
なんて名前？

相手はどう思うだろう？

＜例＞
・なんか失礼な人だな、と思う。
・どうして自分の名前は言わないのかな、と思う。

自己《じこ》しょうかいしてから、名前を聞く

わたしは
山下ゆう。
前は1組
だったの。
あなたは？

相手はどう思うだろう？

＜例＞
・名前を聞いてくれた、とうれしくなる。
・仲良くなれそう、と思う。

> **Point**
> いきなり名前を聞くのが失礼なことだということを知らない子どもも多い。「人の名前を聞く前にまずは自分が名乗る」というルールを伝える。

◆「第一印象《いんしょう》」って何だろう？

＜例＞
・第一印象は、その人と初めて会ったときに感じた気持ちのこと。
・「やさしそう」「面白そう」「怖そう」など、第一印象はなかなか消えないので、マイナスの印象を与えないよう、最初の笑顔がとてもだいじ。

> **Point**
> 教師が、笑顔、泣き顔、怖い顔などをつくって見せ、「先生が初対面の人だとしたら、どう思う？」と、それぞれの表情についての印象を聞くのもよい。

ワークのねらい

友達になる「きっかけづくり」で大切なのは、自分から話しかけることです。人に話しかけることが苦手な子どももいますが、それはどのように話しかけたらいいのか、どんな話をしたらいいのかがわからないからだといえるでしょう。また、強引に話しかけ相手に引かれてしまう子は、話かけるときの態度や言葉の選び方で、相手がどのように感じるのか、それを学ぶだけでも、その後の行動が変わります。記入するだけでわかりづらいときは、セリフをやり取りしてみると、実感できるでしょう。

Point 質問は、自分との共通の話題を見つける糸口。自分の知っていること、自分の好きなことを相手と共有できれば、話題はそこから自然に深まることに気づかせる。

ワーク2 もっとおたがいのことを知る

◆名前を聞いた後、どんな話をしたり、どんなことを聞けば、もっと仲《なか》よくなれるかな？

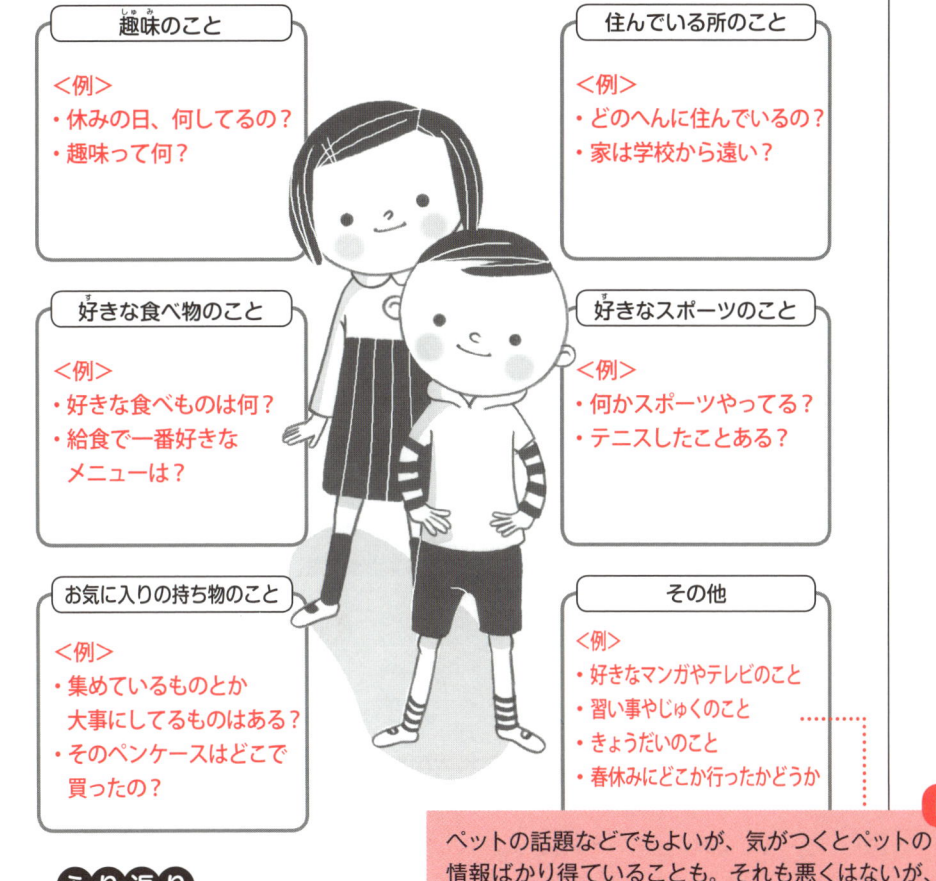

趣味《しゅみ》のこと

<例>
- 休みの日、何してるの？
- 趣味って何？

住んでいる所のこと

<例>
- どのへんに住んでいるの？
- 家は学校から遠い？

好《す》きな食べ物のこと

<例>
- 好きな食べものは何？
- 給食で一番好きなメニューは？

好《す》きなスポーツのこと

<例>
- 何かスポーツやってる？
- テニスしたことある？

お気に入りの持ち物のこと

<例>
- 集めているものとか大事にしてるものはある？
- そのペンケースはどこで買ったの？

その他

<例>
- 好きなマンガやテレビのこと
- 習い事やじゅくのこと
- きょうだいのこと
- 春休みにどこか行ったかどうか

Point ペットの話題などでもよいが、気がつくとペットの情報ばかり得ていることも。それも悪くはないが、できれば相手の好みや考えを知ることのできる「犬と猫どっちが好き？」といった質問のほうがよい。

ふり返り

<例>
- はじめて会った人と話すのが苦手だったけれど、好きなものが同じだと、楽しく話せることがわかった。

Point 初めて声をかけるときは、声をかけられた人の気持ちを想像することが大切だと全員で確認する。

Point 自分の情報を出すと、相手の情報を引き出せること、会話が深まることを体験・実感させる。

友達づくりのスキル

仲よしグループに入れてもらおう

クラス替えなどで仲よしだった友達と離れてしまい、すでにできている「仲よしグループ」に入れてもらうという状況もよくあります。ここでは、集団に対する声のかけ方を確認し、同時に、仲よくなりたいと思ってもらえる態度についても、知っていきましょう。

授業の進め方

板書の始め方

●どうやって、仲間に入ろうか

〈場面〉		〈相手はどう思うかな？〉
声をかけられるのを待っている	➡	気づかない。あの子、何でこっちを見てるの？
いきなり話に加わる	➡	
「仲間に入れて」と言う	➡	

Point 1 モデリングで、ワーク1の1問目の３つの場面を板書する。ワークシートのイラストを拡大コピーしてはってもよい。

Point 2 ワーク1の１問目に対する子どもの意見を板書する。

ウォーミングアップ（導入）

5分

①「サッカーや、おしゃべりみたいに、仲間がいたほうが楽しいことってたくさんあるよね。新しいクラスになったばかりで、まだ友達がいないとき、みんなはどうする？」と聞く。

②いくつか答えが出てきたところで、「もうすでにできている仲よしグループに後から入るのは、ちょっと勇気が必要だよね」と、インストラクションにつなげる。

1 インストラクション
トレーニングの目的を伝える

5分

- 「すでにできている仲よしグループに、上手に
- 仲間に入れてもらう方法と、グループのみんなと仲よくなるやり方を学ぼう」と、目的を伝える。
- ワークシートを配布する。

ねらい

・仲間に入りたいときは、勇気を出して自分から動くことが必要だと認識させる。

2 モデリング
手本を見せる

10～15分

- ワーク1 の1問目。3つの場面のイラストをはるか板書する。それを教師が演じる。子どもに意見を聞き、確認しながら板書する。板書!
- ワーク1 の2問目。1問目の答えを見ながら、よいと思う場面を子どもに聞く。全員で確認しワークシートに記入する。

ねらい

・それぞれのやり方が、なぜいいのか、なぜ良くないのか、その理由を考えさせる。

・積極的に行動するのはいいことだが、「積極性」と「ずうずうしさ」は違うということを伝える。

3 リハーサル
子どもが練習・実演する

10～15分

- ワーク2 に子どもが記入する。1～2場面だけ教師が演じて見せてもよい。
- 隣の子とペアになり、書いたことをもとにやり取りをする。
- 2～3組のペアに前に出てもらい、やり取りしたことを発表してもらう。

ねらい

・もっと仲よくなるには、人の気持ちを考え、ルールを守ることが大事だということを確認する。

・自分もマナー違反、ルール違反をしている場合がないか考えさせる。

4 フィードバック
振り返る

10分

- 今日の学習を振り返り、それぞれ「ふり返り」に記入する。
- 時間があれば、数人に感想を発表してもらう。

ねらい

・一人一人の「気づき」を書かせる。

・授業後は、仲間に入ることや新しい仲間を受け入れることができるよう、また、クラス全体が、さらに仲よくなるよう援助していく。

次のページでワークシートの解説をします

ワークシートの解説

ワーク1では、仲間に入りたいと思ったときに、どんな行動をとったらよいのかを学びます。
ワーク2では、「もっと仲よくなりたい」と思う子はどんな子なのか、考えていきます。

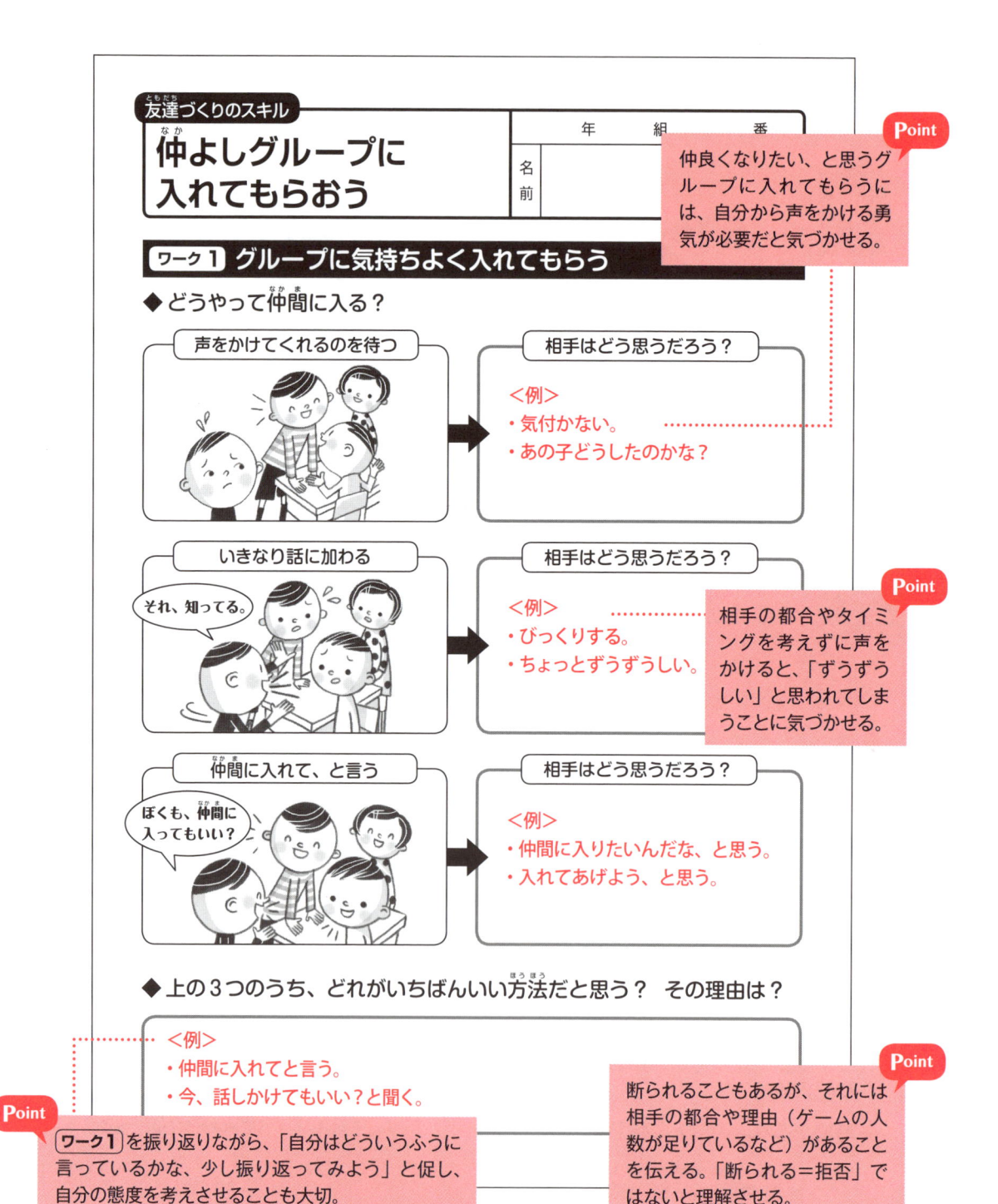

友達《ともだち》づくりのスキル

仲《なか》よしグループに入れてもらおう

年　組　番
名前

Point 仲良くなりたい、と思うグループに入れてもらうには、自分から声をかける勇気が必要だと気づかせる。

ワーク1 グループに気持ちよく入れてもらう

◆どうやって仲間《なかま》に入る？

声をかけてくれるのを待つ

相手はどう思うだろう？

<例>
・気付かない。
・あの子どうしたのかな？

いきなり話に加わる

それ、知ってる。

相手はどう思うだろう？

<例>
・びっくりする。
・ちょっとずうずうしい。

Point 相手の都合やタイミングを考えずに声をかけると、「ずうずうしい」と思われてしまうことに気づかせる。

仲間《なかま》に入れて、と言う

ぼくも、仲間《なかま》に
入ってもいい？

相手はどう思うだろう？

<例>
・仲間に入りたいんだな、と思う。
・入れてあげよう、と思う。

◆上の3つのうち、どれがいちばんいい方法《ほうほう》だと思う？　その理由は？

<例>
・仲間に入れてと言う。
・今、話しかけてもいい？と聞く。

Point ワーク1を振り返りながら、「自分はどういうふうに言っているかな、少し振り返ってみよう」と促し、自分の態度を考えさせることも大切。

Point 断られることもあるが、それには相手の都合や理由（ゲームの人数が足りているなど）があることを伝える。「断られる＝拒否」ではないと理解させる。

ワークのねらい

仲間に入れてもらうためには、少し勇気を出して自分から行動を起こすことが必要です。言い出せないタイプの子には、このトレーニングを通して、待つだけでは友達はできにくいこと、そして上手にできなくてもいいので、自分から伝えることの大切さを気づかせていきましょう。

また、自分のペースで人の間に割り込んでしまうタイプの子には、相手のとまどう気持ちに気づかせながら、仲間に入りやすい言葉かけを学べるように指導していきましょう。

Point

仲間に入れてもらうには、相手に「この子と友だちになりたい」と思ってもらうことも大切だと気づかせる。

ワーク２ グループの子と、もっと仲《なか》よくなる

◆みんなが仲《なか》よくなりたいと思うのは、どんな子かな？

ルールや約束《やくそく》を守って遊ぶ子　□

負けちゃった。
よし、ぼくがおにだ！
ギャ

好《す》きな子をひとりじめして遊《あそ》ぶ子　□

○○ちゃん
あっちで遊ぼう！

Point

表情もなく、話にも加わらないと、仲良くなりたいと思っていることが伝わらない。表情や態度も重要だと気づかせる。

つまらなそうにしている子　□

……。

話をよく聞いてくれる子　○

でさ、
ひどいんだよ！
ふんふん、
それで？

人の話を聞かず自分だけしゃべる子　□

ぼくさー…
ぼくはね…
ぼくって…

自分勝手に遊ぶ子　□

いいだろ！　あと１回
OKにしようぜ！
アウト
だったぞ。

Point

仲良くなるには、自分のことをたくさん話すより、相手の話をよく聞いてあげることも大事と教える。

ふり返り

<例>

・いつも声をかけられなかったけれど、がんばって「仲間に入れて」と言おうと思う。

Point

クラスには人見知りする子、声をかけられるのを待つタイプの子、どんどん人を誘える子など、様々な子がいる。ワーク２の内容を振り返って「自分だったらこうされると嬉しい」「こういう態度は苦手だ」という視点で考えさせる。

友達づくりのスキル

友達と会話を続けよう

友達と他愛もない会話を続けたり、気持ちのよい会話を成立させたりするにもスキルが必要です。それには「話し方」よりも、「上手に聞くこと」が大切。友達の意見を聞いたとき「無理！」「それはいや！」など頭から否定しないよう伝えます。聞く姿勢によって相手の反応が変わることを実感させましょう。

授業の進め方

板書の始め方

●友だちと楽しく話をしよう

〈楽しく話せるのはどんな子？〉		〈どう思う？〉
ただだまって聞いている	→	聞いてるのかな？ 楽しくないのな？
相づちを打ちながら聞いている	→	
相手をさえぎって話す	→	

Point 1　モデリングで、ワーク1の１問目の３つのパターンの場面を板書する。ワークシートのイラストを拡大コピーしてはってもよい。

Point 2　ワーク1の１問目に対する子どもの意見を板書する。

ウォーミングアップ（導入）

5分

①「今から先生と少しだけお話をしてくれる人はいるかな」と言って挙手させ、２人選ぶ。一人目の子には話す暇を与えず教師がしゃべり続け、二人目の子には話しかけずにずっと黙っている。「こんなふうにされたらどう感じる？」と聞く。

②いくつか意見が出たところで、「どうやったら、人と楽しく話せるだろう？」と、インストラクションにつなげる。

1 インストラクション
トレーニングの目的を伝える

5分

- 「聞き上手になって、友達ともっと楽しく話をしよう」と、目的を伝える。
- ワークシートを配布する。

ねらい

・楽しい会話に必要なのは、上手に話すことではなく、ていねいに人の話を聞くことだと気づかせる。

2 モデリング
手本を見せる

10～15分

- ワーク1 の1問目のイラストをはるか、板書する。教師は3つのパターンを演じて、子どもに感想を聞き、確認しながら板書する。板書!
- ワーク1 の2問目を全員で記入し、数人に発表してもらう。

ねらい

・うなずいたり、相づちを打ったり、笑ったり、という反応が相手の話を引き出し、楽しい雰囲気をつくることに気づかせる。

3 リハーサル
子どもが練習・実演する

10～15分

- ワーク2 に、子どもが記入する。
- 隣りの子とペアになり、それぞれが書いたセリフを声に出し、やりとりする。
- 2～3組にやりとりしたことを発表してもらう。

※アサーションのやり方について少し説明してもよい。

アサーションのやり方

1. 否定せず、相手の気持ちや言葉を受け止める。
2. 自分の気持ちや考え、理由などを相手に伝える。
3. 代わりの案を伝える。

ねらい

・「相手を受け止めた上で、自分の意見を言う」という、会話のスキル(アサーションと言う)があることを知らせる(P127参照)。

4 フィードバック
振り返る

10分

- 今日の学習を振り返り、それぞれ「ふり返り」に記入する。
- 時間があれば、数人に感想を発表してもらう。

ねらい

・一人一人の「気づき」を書かせる。

・授業後は、休み時間や、授業や学級活動、グループ活動の中でも、「上手な会話の続け方」が身につくよう促す。

次のページでワークシートの解説をします

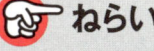

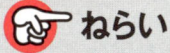

ワークシートの解説

ワーク1 では、会話を続けるための、相手が話しやすくなる「聞き方」について考えます。
ワーク2 では、けんかにならない意見の伝え方を学びます。

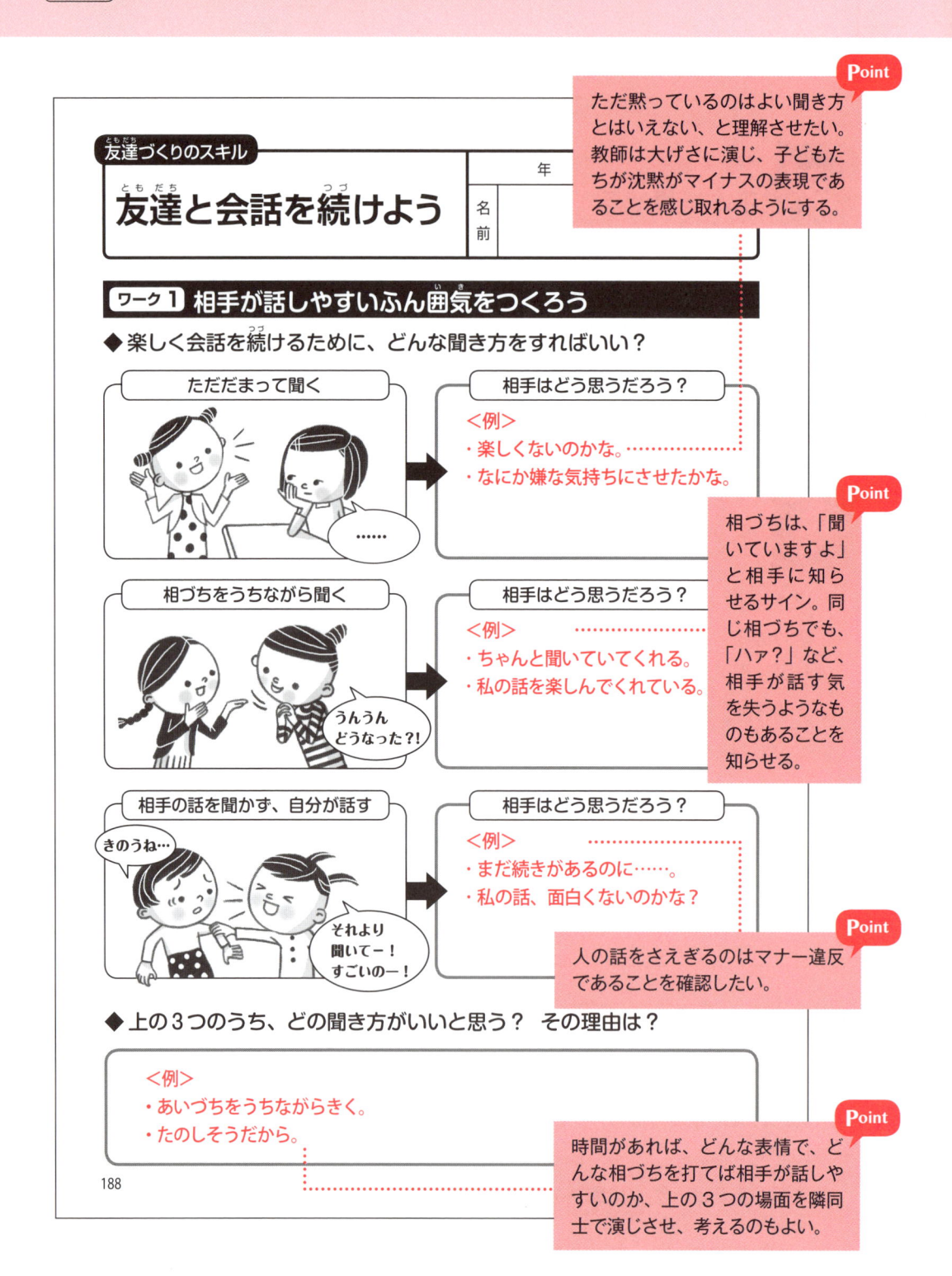

友達《ともだち》づくりのスキル

友達《ともだち》と会話を続《つづ》けよう

年　組

名前

Point ただ黙っているのはよい聞き方とはいえない、と理解させたい。教師は大げさに演じ、子どもたちが沈黙がマイナスの表現であることを感じ取れるようにする。

ワーク 1 相手が話しやすいふん囲《い》気《き》をつくろう

◆楽しく会話を続《つづ》けるために、どんな聞き方をすればいい？

ただだまって聞く

……

相手はどう思うだろう？

<例>
・楽しくないのかな。
・なにか嫌な気持ちにさせたかな。

Point 相づちは、「聞いていますよ」と相手に知らせるサイン。同じ相づちでも、「ハァ？」など、相手が話す気を失うようなものもあることを知らせる。

相づちをうちながら聞く

うんうん
どうなった？！

相手はどう思うだろう？

<例>
・ちゃんと聞いていてくれる。
・私の話を楽しんでくれている。

相手の話を聞かず、自分が話す

きのうね…
それより
聞いてー！
すごいのー！

相手はどう思うだろう？

<例>
・まだ続きがあるのに……。
・私の話、面白くないのかな？

Point 人の話をさえぎるのはマナー違反であることを確認したい。

◆上の３つのうち、どの聞き方がいいと思う？　その理由は？

<例>
・あいづちをうちながらきく。
・たのしそうだから。

188

Point 時間があれば、どんな表情で、どんな相づちを打てば相手が話しやすいのか、上の３つの場面を隣同士で演じさせ、考えるのもよい。

ワークのねらい

子どもたちのけんかの要因の１つに、自分のことばかりを主張して、相手の意見をきかない、ということがあります。まずは相手の話を聞くことによって、会話がはずむということに気づかせたいものです。隣の席の子と「話をする役」と「ひたすら聞く役」を交替しながら行うことで、その意味を実感させましょう。また、ワーク2の「相手の意見を認めたうえで、自分の意見を言う（アサーション）」というスキルは、子どもに最も伝えたいスキルの1つです。例題を変えて何度も練習しましょう。

Point 相手の意見を「つまらない！」と否定することでけんかにつながることに気づかせたい。

ワーク2　やり取りを続《つづ》けよう

◆友達《ともだち》と話していたとき、意見がくいちがったよ。どの答え方がいいかな。

みんなで
野球やろうよ！
野球なんていやだよ。
フットサルがいい！
Aくん

…

さそったAくんは、どう思うかな？

＜例＞
・野球はつまらなくなんかないよ！
・なんだよ。もうさそわない！

みんなで
野球やろうよ！
本当はフットサルを
やりたいんだけど……。
う～ん……。
いいよ。
Aくん

…

さそったAくんは、どう思うかな？

＜例＞
・ほんとうは野球やりたくないのかな？
・めんどうなのかな？

Point 相手に合わせることは、いいことのようにも思えるが、無理して合わせてもらった相手は嬉しいと感じるかどうか、考えさせる。

みんなで
野球やろうよ！
いいね！ でも、
人数が少ないから
フットサルも
いいんじゃない？
Aくん

…

さそったAくんは、どう思うかな？

＜例＞
・確かにそうかもしれないな！
・ほかのみんなの意見も聞いてみよう。

Point 自分の意見を「いいね」と認められた上で、新しい提案をされると、アイデアが広がったり、楽しくなったりすることを、実感させたい。

ふり返り

＜例＞
・聞き方にも、いいやり方があると初めて知った。
・相手のことを否定しないで会話をすると、けんかにならないとわかった。

189

相手の気持ちを考えるスキル

実践編

今、相手の気持ちや状況を読み取ることが苦手な子どもが増えています。しかし、それは思いやりがないといったことではなく、相手の気持ちの読み方を知らないことが原因と考えられます。相手の気持ちを考える力は、身につけたい力の一つです。

▶▶この分野ではぐくみたい「ねらい」

相手と気持ちが通い合うコミュニケーションがとれるようになるには、**「相手の気持ちがわかる」「相手の気持ちを察する」といったスキルが必要です。**相手の気持ちを大切にしながら、自分の考えや思い、ときには、お願い事を伝えるといったことがこれに当たるでしょう。

相手の気持ちを察するには、その人と似たような体験や気持ちを経験することが必要です。しかし、今の子どもたちは人と接することが少ない環境で育っているため、そういった経験があまりありません。そこでこの分野では、「相手の気持ちを考える」ことを繰り返し学べるよう

取り上げるスキル	内容
□ ふわっと言葉・ちくっと言葉	●ふわっと言葉・ちくっと言葉 ●ふわっと言葉で会話をしよう
□ 相手の気持ちを想像しよう（基本編）	●失敗してしまった友達の気持ちを考える ●相手の気持ちにそった声かけを考える
□ 相手の気持ちを想像しよう（応用編）	●気持ちに合った表情を知る ●相手の表情から心の声を想像する
□ 泣いている友達をなぐさめよう	●泣いている子への接し方を考える ●落ちこんでいる子に声をかける
□ 伝わりやすい注意の仕方を考えよう	●相手に伝わる注意の仕方を知る ●声のかけ方を考える
□ 受け取りやすい断り方をしよう	●感じのいい断り方を知る ●上手な断り方を考える
□ けい帯電話・メールのマナーを覚えよう	●やってはいけないことを知る ●公共のマナーについて考える

にしています。中には「相手に伝わりやすい注意の仕方」や、「相手が受け取りやすい断り方」など、伝え方にふれているものもありますが、どれも「相手の気持ちを考える」ことを学んでから、伝え方を学ぶ構成になっています。指導のときも、相手の気持ちを考えることに重点を置いて進めましょう。

▶▶こんな活用の仕方がおすすめ！

最初に、「ふわっと言葉・ちくっと言葉」のトレーニングを紹介していますが、これは、学年にかかわらず取り組みたいトレーニングです。ここでは、**毎日使っている自分の「言葉」が相手に与える影響について考えるのですが、子どもにとってもわかりやすく、楽しみながらできるので、初めてソーシャルスキルトレーニングを行うクラスにもおすすめです。**

「相手の気持ちを想像しよう（応用編）」は、相手の表情から、その人の気持ちを読み取るトレーニングです。大人は無意識に行っていることが多いのですが、意識したことのない子にとっては難しい内容です。しかし、これもイラストを描いて学べるワークシートにしていますので、楽しく行うことができるでしょう。授業後は、それまで目線も合わせずに会話していた子が、相手の表情に注目し、表情豊かに話すようになることも少なくありません。

ねらい

・人を元気にする言葉と、人を嫌な気持ちにさせる言葉があることを知る
・ふわっと言葉の使い方を学ぶ

・自分の言葉のかけ方で、受け取る人の気持ちが変わることを知る
・相手の落ちこんだ気持ちや、うれしい気持ちを想像して、声をかける

・気持ちが表情にあらわれることを知る
・相手の表情から、気持ちを想像する

・声のかけ方で、相手の受ける気持ちが変わることを知る
・落ちこんでいる子への、声のかけ方を知る

・注意するときの声かけのポイントを知る
・相手とけんかにならない、注意の仕方を知る

・断るときの言葉のかけ方で、相手の気持ちが変わることを知る
・気持ちのいい受け答えがあることを知る

・周りの人の気持ちを考えた使い方を知る
・携帯のマナーについて考える

相手の気持ちを考えるスキル

ふわっと言葉・ちくっと言葉

言葉には、人の心を温かく、また元気にするような「ふわっと言葉」と、人の心を傷つけるような「ちくっと言葉」があります。ここでは、どんな言葉がそれに当たるのか、言われたらどんな気持ちがするのか考えていきます。授業後は、積極的に「ふわっと言葉」を使うよう促していきましょう。

授業の進め方

板書の始め方

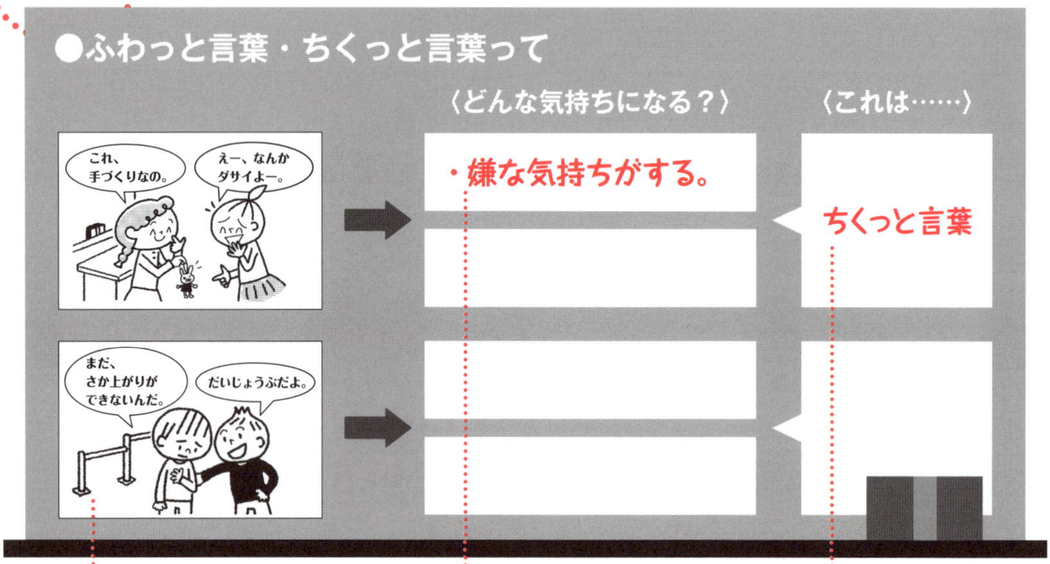
●ふわっと言葉・ちくっと言葉って
〈どんな気持ちになる？〉
〈これは……〉
これ、手づくりなの。
えー、なんかダサイよー。
・嫌な気持ちがする。
ちくっと言葉
まだ、さか上がりができないんだ。
だいじょうぶだよ。

Point 1 モデリングで、ワーク1の１問目のイラストを、拡大コピーしてはる。

Point 2 ワーク1の１問目に対する子どもの意見を板書する。

Point 3 「ちくっと言葉」「ふわっと言葉」のいずれかを書く。

ウォーミングアップ（導入）

5分

① 「起きてから今までの間に、だれかに言われてうれしくなった言葉や、悲しくなった言葉はある？」と問いかける。

② さまざまな答えが出てきたところで、「言葉には、心を温かく、元気にする力もあるし、いやな気持ちにさせる力もあるんだね。元気になれる言葉をかけられるとうれしいし、友達にも、そういう言葉を使いたいよね」などと、インストラクションにつなげる。

がんばったね
のろま
ドジ
すごいね

1 インストラクション
トレーニングの目的を伝える

5分

- 「人を元気にしたり、心が温かくなったりする言葉と、人がいやな気持ちになる言葉について考えてみよう」と、目的を伝える。
- ワークシートを配布する。

ねらい

・うれしくなるような言葉（ふわっと言葉）と、いやな気持ちになるような言葉（ちくっと言葉）があることを知らせる。

2 モデリング
手本を見せる

10～15分

- ワーク1の1問目。イラストをコピーしてはり、教師が2つの場面を演じて見せる。
- 子どもに感想を聞き、確認しながら板書する。子どもはワークシートに記入。板書!
- うれしい気持ちになるほうの言葉を「ふわっと言葉」、いやな気持ちになる言葉を「ちくっと言葉」と呼ぶことを、再び説明する。

ねらい

・言葉によって、うれしくなったり、やる気が出たりする感覚を伝える。

・さまざまな言葉を「ふわっと言葉」と「ちくっと言葉」に分けることで、普段自分で使う言葉のうちに、どちらが多いのか意識させる。

3 リハーサル
子どもが練習・実演する

10～15分

- ワーク2に、子どもが記入する。1問だけ全員で考えて、出た答えを教師が演じて見せてもよい。
- 隣の子とペアになり、書いたセリフをやり取りする。
- 2～3組のペアに前に出てもらい、やり取りしたことを発表してもらう。

ねらい

・「ふわっと言葉」を使う状況や言葉を考えることで、実際に使えるように練習する。

・ほかの人の発表を見て、語いを増やす。

4 フィードバック
振り返る

10分

- 今日の学習を振り返り、それぞれ「ふり返り」に記入する。
- 時間があれば、数人に感想を発表してもらう。

ねらい

・一人一人の「気づき」を書かせる。

・授業後は、普段から、「今のは、ふわっと言葉、ちくっと言葉、どっちかな」などと問いかけ、言葉選びを意識させる。

次のページでワークシートの解説をします

ワークシートの解説

ワーク1 では、言葉のもつ影響力を実感します。ワーク2 では、実際に自分で「ふわっと言葉」を使ったセリフを考え、言葉が相手の反応や気持ちに与える効果について実感していきます。

相手の気持ちを考えるスキル

ふわっと言葉・ちくっと言葉

年　組　番

名前

Point

言われていやな気持ちになる言葉を「ちくっと言葉」と呼ぶことを教え、全員で枠に記入する。

ワーク1 ふわっと言葉・ちくっと言葉

◆言われた人はどんな気持ちになるかな？

これ、
手づくりなの。
えー、なんか
ダサイよー。

これは……
ちくっと 言葉

こんな気持ちになるよ。

<例>
・がっかりする。
・悲しくなる。

Point

もし自分が「ダサイ」と言われたらどんな気持ちになるか、想像させる。

まだ、
さか上がりが
できないんだ。
だいじょうぶだよ。

これは……
ふわっと 言葉

こんな気持ちになるよ。

<例>
・うれしくなる。
・なんだかやる気が出る。

Point

言われてうれしくなる言葉を「ふわっと言葉」と呼ぶことを教える。

◆自分が言われた「ふわっと言葉」と「ちくっと言葉」を書いてみよう。

ふわっと言葉

<例>
・楽しい
・かわいい
・だいじょうぶ
・ありがとう　など

ちくっと言葉

<例>
・きらい
・つまらない
・うざい
・めんどうくさい　など

Point

「ほめる言葉・励ます言葉・認める言葉・感謝の言葉にはどんなものがあるかな」と問いかけると語いが出やすい。

Point

なかなか出ないときは、P54のコラムで紹介している「ふわっと言葉・ちくっと言葉」を一つずつカードにして、子どもに分類させるのもよい。

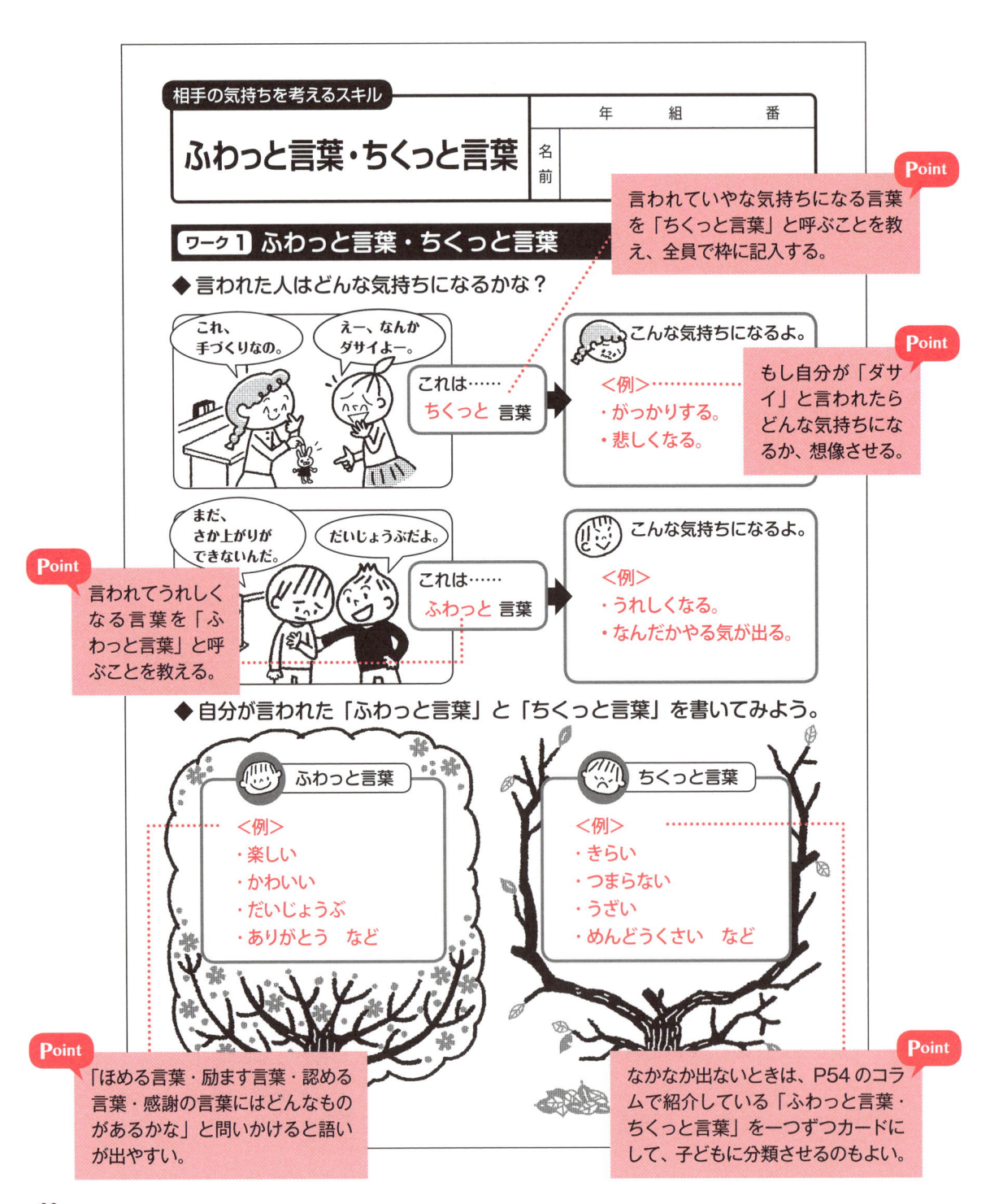

ワークのねらい

子どもたちは毎日、多くの言葉を交わして暮らしています。何気なく発している言葉によって、クラスが荒れた雰囲気になったり、明るくなったりと、その影響は大きいといえます。もしクラスで日常的に「ちくっと言葉」が飛び交っているときは、その都度「今、言われた人はどんな気持ちかな？」などと声をかけたり、「ふわっと言葉」を耳にしたときは「いい言葉だね」「心が温かくなるね」などと、周りの子どもたちにも聞こえるようにほめ、自分たちが使っている「言葉」に意識を向けさせることが大切です。

Point
状況に合わせて、相手の気持ちが温かくなる言葉を考える。

ワーク2　ふわっと言葉で会話をしよう

◆相手に「ふわっと言葉」をかけてみよう。

転んで、ビリになってしまった友達《ともだち》に

<例>
・だいじょうぶ？
・また、次にがんばればいいんだよ！

重たい荷物を持っている友達《ともだち》に

<例>
・ぼくも、一緒に運ぶよ。
・手伝おうか。

初めて二重とびができた友達《ともだち》に

<例>
・すごいね！
・やったね！嬉しいね。

Point
応用として、「ふわっと言葉」をかけてもらったときには、どんな気持ちがするのか、どんな言葉でお礼を伝えたらよいのか考えさせてもよい。

ふり返り

<例>
・友達には「ふわっと言葉」を使おうと思った。
・「ちくっと言葉」を言われると、けんかになると思う。

Point
子どもたちの中に「ふわっと言葉」の種類が少ないときは、日ごろから教師が積極的に人を励ます言葉、人を元気にする言葉を使うように意識する。

相手の気持ちを想像しよう 基本編

相手に強い言葉を投げかけてしまう子は、自分の言葉で相手がどんな気持ちになるのか、想像できないのかもしれません。思ったことをそのまま口に出すことで、相手がどんな反応を示すか、また、相手にかけられた言葉で、自分の気持ちがどう変化するか、子どもたちに身近な場面を題材に考えていきます。

授業の進め方

板書の始め方

●相手の気持ちを想像しよう

〈どんな気持ちかな？〉 〈言われた人は？〉 〈この後どうなったかな？〉

→ ・傷ついた。 → ・けんかになった。

→ ・ほっとした。 → ・もっと仲よくなった。

Point 1 モデリングで、ワーク1のイラストを拡大コピーしてはる。

Point 2 ワーク1に対する子どもの意見を板書する。

ウォーミングアップ（導入） 5分

①「友達やきょうだいに言われて、いやだなと思った言葉はある？ どんな言葉に、そう思ったのかな？」と聞く。

②子どもたちの答えを待つ。「先生は、息子に『ムリ！』と、ひと言で断られるとむっとするな」など、例を出してもよい。

③「反対に落ちこんでいるときに、友達のひと言で元気になることもあるよね」と、インストラクションにつなげる。

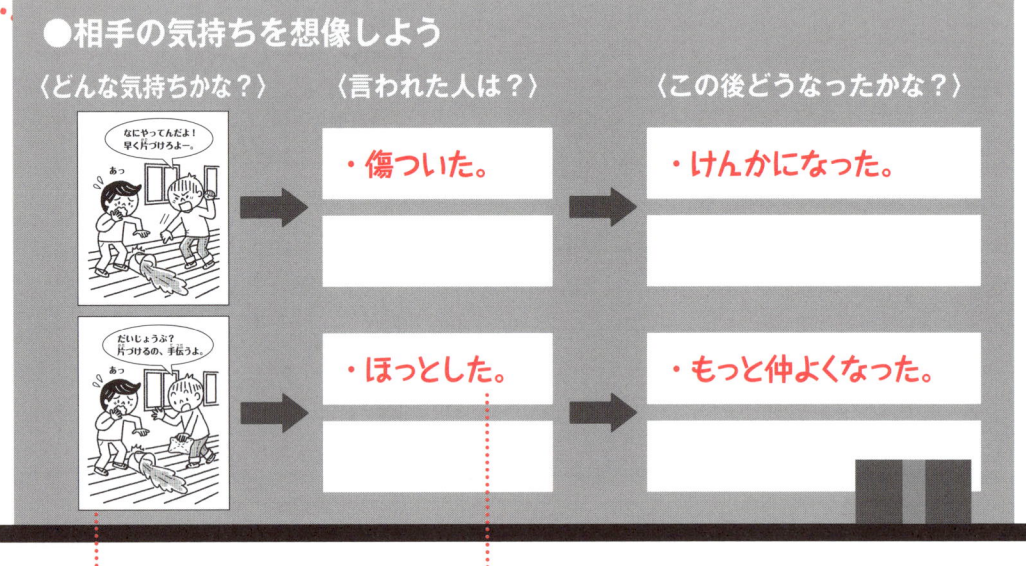

1 インストラクション
トレーニングの目的を伝える

5分

- 「『相手の気持ちを想像する』ということを、みんなでやってみよう」と、目的を伝える。
- ワークシートを配布する。

ねらい

・自分がかける言葉で、相手の気持ちが大きく変わることを知らせる。

2 モデリング
手本を見せる

10〜15分

- ワーク1のイラストをコピーしてはり、2つの場面を教師が演じる。水をこぼしてしまった子の役を、子どもの一人に演じてもらうとよい。
- 子どもたちに感想を聞き、全員で確認しながら板書する。子どもたちは、ワークシートに記入する。板書!
- 何人かに感想を聞いてもよい。

ねらい

・自分の声のかけ方によって、相手の気持ちがなごんだり、イライラしたりすることに気づかせる。

・自分の気持ちを口にする前に、相手の気持ちを想像するよう、意識させる。

3 リハーサル
子どもが練習・実演する

10〜15分

- ワーク2のドッジボールで失敗した役を教師が演じ、声かけを全員で考える。
- 残りは子どもがワークシートに記入。隣の子とペアになり、書いたセリフを声に出し、やり取りする。
- 2〜3組のペアに前に出てもらい、やり取りしたことを発表してもらう。

ねらい

・声をかけるほう、かけられるほうを交互に演じ、どんな気持ちがするのかしっかり感じさせる。

・発表する友達を見て、さまざまな声かけがあることに気づかせる。

4 フィードバック
振り返る

10分

- 今日の学習を振り返り、それぞれ「ふり返り」に記入する。
- 時間があれば、数人に感想を発表してもらう。

ねらい

・一人一人の「気づき」を書かせる。

・授業後、日常の中で、相手を責める言葉が聞こえたときは、「相手はどういう気持ちかな」と聞いて、その都度想像させる。

次のページでワークシートの解説をします

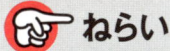

ワークシートの解説

ワーク1 では、自分の言葉のかけ方一つで、相手の感じ方や気持ちが変わることに気づきます。
ワーク2 では、さまざまな場面の友達の気持ちを想像し、かける言葉を考えます。

相手の気持ちを考えるスキル

相手の気持ちを想像《そうぞう》しよう 基本編《きほんへん》

名前

Point
まず、失敗はだれにでもあることを伝える。そして、言葉を発する前に、相手の気持ちを想像することを伝える。

ワーク1 失敗《しっぱい》してしまった友達《ともだち》の気持ちを考える

◆ バケツの水をこぼしてしまった友達《ともだち》に、次のような言葉をかけたら、友達《ともだち》はどんな気持ちになるかな？

あ

言われた人の気持ちは……

〈例〉
・傷ついた。
・はらがたった。

なにやってんだよ！
早く片《かた》づけろよー。
あっ

この後2人は、どうなったかな？

〈例〉
・けんかになった。
・バケツの水をこぼした子が泣いてしまった。

Point
状況を考えずに思ったことを口に出すことで、けんかになったり、相手を傷つけたりすることに気づかせる。

Point
相手の責めているような表情に注目させると、気持ちを想像しやすくなる。

い

言われた人の気持ちは……

〈例〉
・ほっとした。
・嬉しい。
・ごめんね、とすなおに思う。

だいじょうぶ？
片《かた》づけるの、手伝《てつだ》うよ。
あっ

この後2人は、どうなったかな？

〈例〉
・もっと仲よくなった。
・どちらの人も温かい気持ちになった。

Point
だれでも失敗はするもの。そんなとき、声かけがきっかけで、仲よくなることがあると気づかせる。

Point
時間があれば、隣の子とペアになり、2場面のセリフを交代しながらやり取りさせる。その後、2～3人に感想を聞き、違いを確認させてもよい。

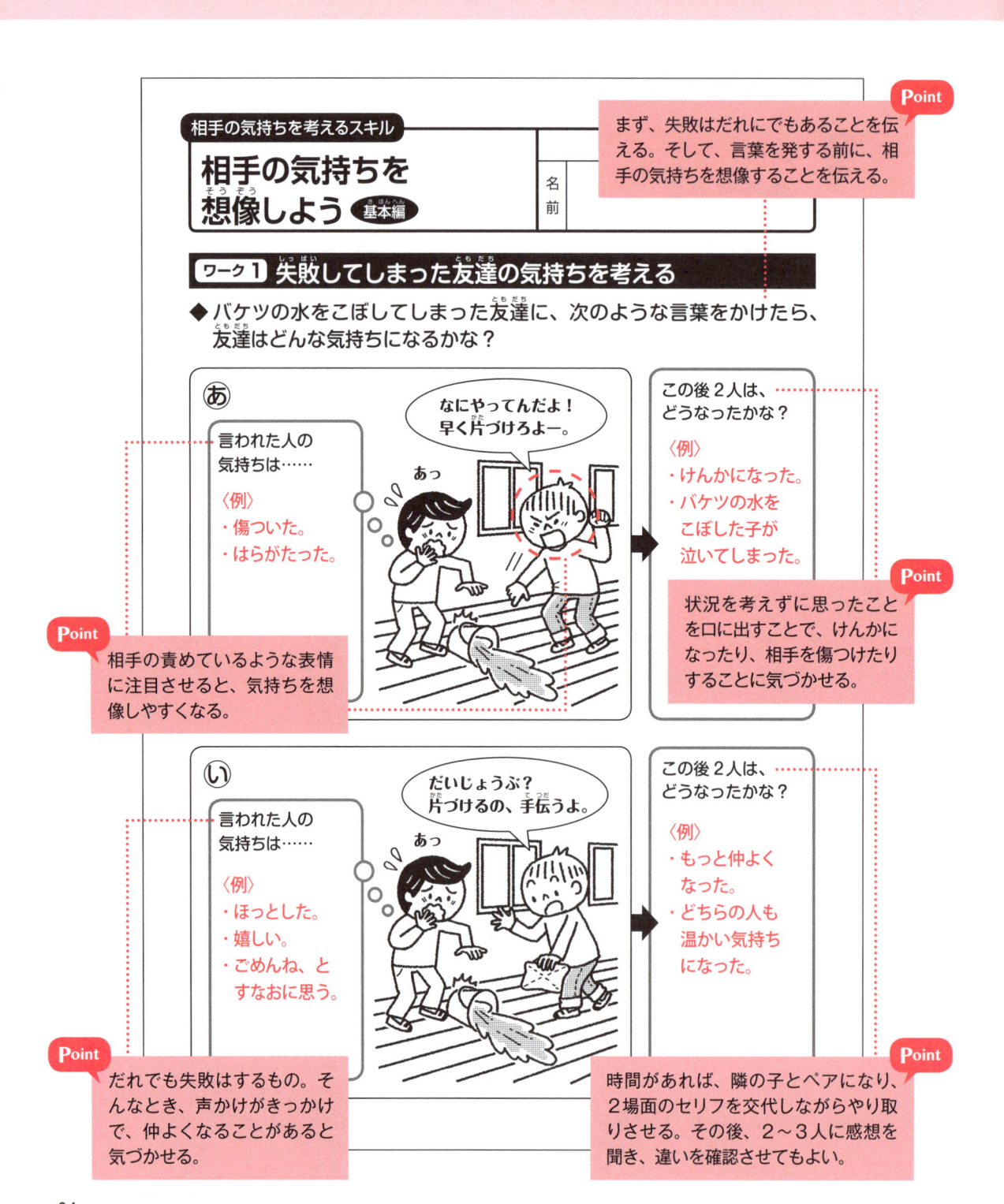

ワークのねらい

普段、何気なく使っている自分の言葉で、相手を笑顔にさせたり、反対に、深く傷つけたりすることがあります。「失敗した」「できなかった」「間違えた」というマイナスな状況でも、言葉のかけ方（かけられ方）一つで、その後の気持ちが大きく変わることに気づかせていきましょう。相手の気持ちを想像する力が乏しい子は、自分の感情に気づくことも苦手な傾向にあります。日常でも、友達にかけている言葉、また、かけられている言葉が、どんな力を持っているのか、その都度考えさせていきましょう。

Point ワーク1の応用。思ったことを口に出す前に、相手の気持ちを考えさせる。

ワーク2 相手の気持ちにそった声かけを考える

◆次のとき、なんて声をかけたらいいかな。友達《ともだち》の気持ちを想像《そうぞう》して、考えてみよう。

ドッジボールで失敗《しっぱい》した友達《ともだち》

どんな気持ちかな？

〈例〉
・恥ずかしい。
・くやしい。

なんて声をかけたらいいかな？

〈例〉
・だいじょうぶだよ！

Point 「同じチームだったら頭にくる」などの意見があれば、否定せずに、「ほかにはあるかな」と、ほかの子からプラスの答えが出るよう促す。

賞状《しょうじょう》をもらった友達《ともだち》

どんな気持ちかな？

〈例〉
・うれしい。
・じまんしたい。

なんて声をかけたらいいかな？

〈例〉
・よかったね。
・すごいね。

リレーで負けて、くやしがってる友達《ともだち》

どんな気持ちかな？

〈例〉
・がんばって練習していたから、くやしいと思う。

なんて声をかけたらいいかな？

〈例〉
・だいじょうぶ。
・次また、がんばろう。

Point うれしい気持ちに寄り添ってもらうと、相手はさらにうれしくなる。声をかけたほうも、笑顔になることに気づかせる。

ふり返り

〈例〉
・失敗はだれでもあることだから、人をせめないようにする。
・人にやさしいことばをかけてもらうと、うれしくなるとわかった。

Point このほかにも、「うざい」「きもい」「むかつく」といった言葉で返事をしているときは、「そう。何が、きもいんだろう」などと問いかけ、自分の気持ちを言葉に置き換えることを意識させる。そして、「うざい」など単語で答えたときとの違いを感じさせる。

相手の気持ちを想像しよう 応用編

相手の気持ちを想像するときに、私たちは無意識に相手の表情を見て「察して」います。しかし、大人が考えるよりも、これは高度なスキルです。そこで、まゆの形、目の様子、口の形（口角の角度）の見方を具体的に教え、表情から気持ちを読み取る練習をしていきましょう。

授業の進め方

板書の始め方

●表情から気持ちを知ろう！
〈表情いろいろ！〉
〈こんなときは、どんな顔になる？〉
うれしい！
悲しい……。
くやしい！
おこっている！

Point 1 モデリングで、校長先生の「笑った顔」「怒った顔」「困った顔」「泣いた顔」を撮った写真をはる。

Point 2 モデリングで、ワーク1のイラストを拡大コピーしてはる。

ウォーミングアップ（導入） 5分

① 「友達と話しているとき、言葉を聞く以外に、どんなところに注目している？」と質問する。このとき、笑ったり、怒ったりと表情を変化させて話すと、顔に注目する子が出てくる。

② 声の大きさ、顔、目など答えが出てきたら、「そうだね。言葉以外にも、相手の顔も見ているよね。じゃあ今日は、相手の表情を見ながら気持ちを考えることに挑戦してみよう」と、インストラクションにつなげる。

表情いろいろ…

1 インストラクション
トレーニングの目的を伝える

5分

- 「相手の顔や表情をよく見て、相手の気持ちを想像してみよう」と、目的を伝える。

ねらい

・相手の表情から、気持ちを読み取れることを知らせる。

2 モデリング
手本を見せる

10～15分

- 「笑った顔」「怒った顔」「困った顔」「泣いた顔」の拡大写真をはる（あらかじめ校長先生などに写真を撮らせてもらうとよい）。
- ワークシートを配布する。写真の表情の特徴（まゆ毛や口の形など）を確認しながら、子どもは ワーク1 に記入する。
- ワーク1 のイラストをコピーしてはり、数人に顔を描いてもらう。その後、全員で答えを確認する。板書!

ねらい

・写真を見て、顔のどのパーツが気持ちをあらわすのか確認する。

3 リハーサル
子どもが練習・実演する

10～15分

- ワーク2 のはさみを借りる役を子どもに演じさせ、貸す子の役を教師が演じ、感想を聞く。
- 残りはそれぞれ子どもが記入し、隣の子とペアになり、書いたセリフを声に出してやり取りする。
- 2～3組のペアに前に出てもらい、やり取りしたことを発表してもらう。

ねらい

・自分がかけた言葉によって、相手がどんな気持ちになったのか、ワークシートに描かれた表情から読み取る練習をする。

4 フィードバック
振り返る

10分

- 今日の学習を振り返り、それぞれ「ふり返り」に記入する。
- 時間があれば、数人に感想を発表してもらう。

ねらい

・一人一人の「気づき」を書かせる。

・授業後は、あそびや授業の中でも、子どもが相手の気持ちに気づくスキルを取り入れるようにする。

次のページでワークシートの解説をします

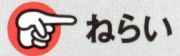

ワークシートの解説

ワーク1 では、まゆ毛や目線、口の形など、表情が気持ちをあらわしていることを学びます。
ワーク2 では、実際に相手の気持ちを想像していきます。

相手の気持ちを考えるスキル

相手の気持ちを想像《そうぞう》しよう 応用編《おうようへん》

名前

Point
「うれしいときって、目はどうなっているかな？」と黒板にはった写真で確認したり、教師が表情を作って自分の目を指さしたりしてもよい。大げさに表情をつくるのがポイント。

ワーク 1 気持ちに合った表情《ひょうじょう》を知る

◆次のような気持ちのとき、どんな表情《ひょうじょう》をしているかな？　まゆ毛、目、口をかいてみよう。

Point
アレンジとして、教師が「無表情」をして見せ、それに対してどんな感じがするか、考えさせてもよい。

表情《ひょうじょう》のポイントはどこだろう。
〈例〉
・目が笑って細くなる。
・口の両側が上がっている。

表情《ひょうじょう》のポイントはどこだろう。
〈例〉
・まゆ毛が下がっている。
・口がへの字になっている。

表情《ひょうじょう》のポイントはどこだろう。
〈例〉
・まゆ毛が上がっている。
・歯をくいしばる。

表情《ひょうじょう》のポイントはどこだろう。
〈例〉
・目、まゆ毛がつり上がっている。
・口がへの字になっている。

194

Point
描き終わったら、子どもたちに、自分が描いた表情をまねさせて、気持ちや感情がどのように変化するのか体感させてもよい。

ワークのねらい

人の気持ちは、態度や表情にもあらわれます。「いいよ」と言葉では言っていても、しょんぼりした表情をしていれば、その人は前向きな気持ちとはいえません。ですが、相手の表情から感情を読み取るというのは、なかなか難しいスキルです。

子どもたちに「表情を見て」と言っただけではわかりにくいので、ワーク1では、具体的に見る顔のパーツを教え、ワーク2では、相手の表情から、その子が今どんな気持ちなのか想像する練習をします。言葉以外にも気持ちをあらわすものがあることを実感させましょう。

ワーク2 相手の表情《ひょうじょう》から心の声を想像する

◆友達《ともだち》はどんな気持ちかな？ 表情《ひょうじょう》に注目して想像《そうぞう》してみよう。

はさみ貸《か》して！
う～ん……。
どうぞ……。
Aさん

Aさんの気持ちは？

〈例〉
・今、ぼくが使っているのに、嫌いだけどしょうがない……と思っている。

Point Aさんのまゆ毛と口に注目させ、「どうぞ……」と言っているが、本当は困っているのではないかということに気づかせる。

テスト、
何点だった？
……。
Bさん

Bさんの気持ちは？

〈例〉
・嫌だよ。なんで聞くんだよ、と、困っている。

Point まゆ毛に注目させる。言葉を発しなくても、嫌な気持ちにさせていることに気づかせる。

どうしたの！
なんでもない……。
Cさん

Cさんの気持ちは？

〈例〉
・「なんでもない」と言っているけれど、悩んでいそう。

Point 視線や声のトーンも、相手の気持ちを知るヒントになることを、合わせてここで説明する。

ふり返り

〈例〉
・うれしいときは、目が細くなる。
・相手の言葉だけでなく、表情に注目するのも大事だとわかった。

Point ワーク2のアレンジとして、子ども同士で困った顔をしながら「うれしい！」と言ったり、にこにこしながら「怒ったぞ！」と言ったりして、表情と顔が一致しないと不自然であることにも気づかせる。

相手の気持ちを考えるスキル

泣いている友達をなぐさめよう

泣いている友達や落ちこんでいる友達を見たときに、うまく声をかけられない子がいます。それは、相手に興味がないからではなく、どう接してよいのかわからないから、ということが多いようです。自分が泣いているとしたら、どう接してもらうとうれしいのかと考えながら、声のかけ方について学びます。

授業の進め方

板書の始め方

●やさしい言葉、かけられるかな？

〈どの言葉かけが、いいかな？〉

〈いいなと感じるのは〉

Bさんの言葉かけ。

〈理由〉

・やさしいから。

Point 1 モデリングで、ワーク1のイラストを拡大コピーしてはる。

Point 2 ワーク1に対する子どもの意見を板書する。

ウォーミングアップ（導入）

5分

① 「今まで泣きたくなったり、落ちこんだりしたことのある人？」とたずね、どんなときにそんな気持ちになったのか聞く。

② 「転んで痛かったとき」「悲しかったとき」など答えが出たら、「そのとき、どうやって気持ちを切りかえたんだろう。だれかになぐさめてもらったのかな？」など、問いかける。

③ 「友達が悲しいとき、声をかけてあげられるといいよね」と、インストラクションにつなげる。

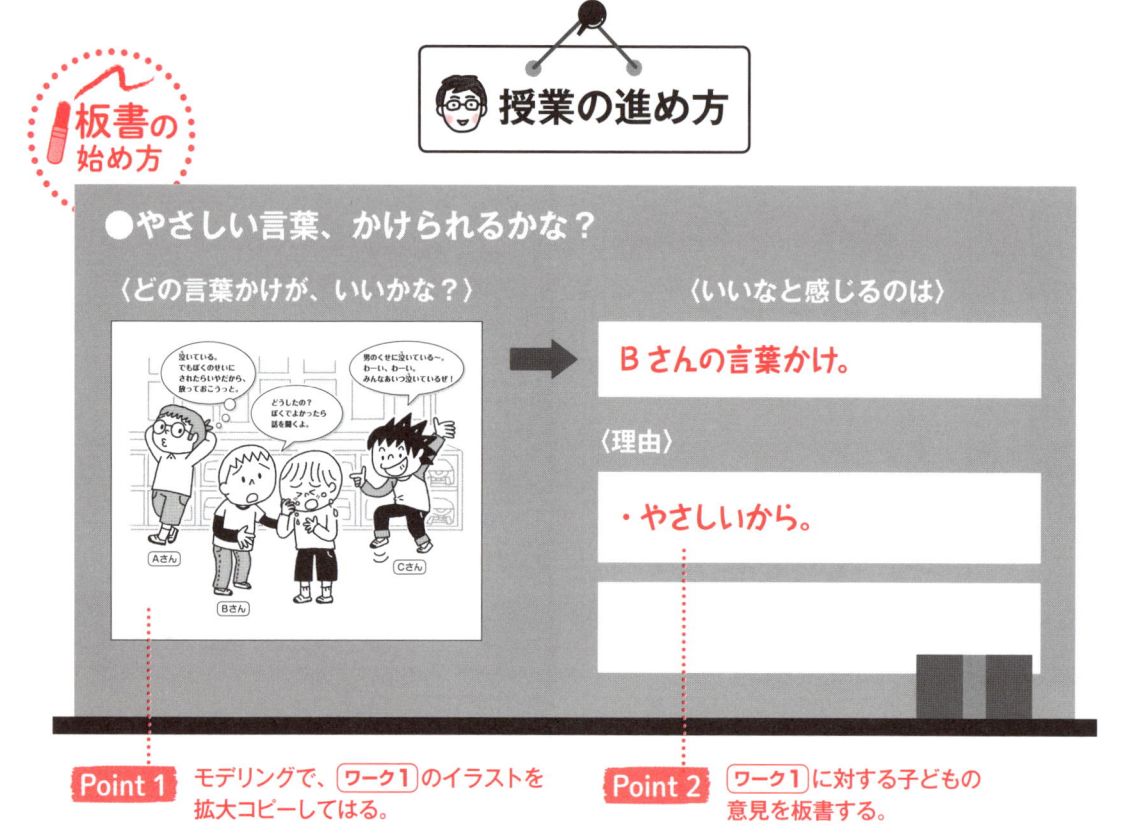

1 インストラクション
トレーニングの目的を伝える

5分

- 「泣いたり、落ちこんだりしている友達に、やさしい言葉をかけられる人になろう」と目的を伝える。
- ワークシートを配布する。

ねらい

・泣いている子の気持ちを想像できるようにする。

2 モデリング
手本を見せる

10～15分

- ワーク1のイラストをコピーしてはる。3人の対応を教師が演じて見せる。
- 子どもたちの意見を聞き、確認しながら板書する。子どもはワークシートに記入する。板書!
- ワーク2に入る前に、泣いている子や落ちこんでいる子への声のかけ方を説明する。

声のかけ方

1.「どうしたの？」と声をかける。
2. 相手の気持ちを聞き、共感する。
3. 自分がかけられたらうれしい言葉をかける。

ねらい

・声のかけ方や対応の違いで、泣いている子の受ける気持ちがまったく異なっていくことに気づかせる。
・泣いている子に対して、効果的な声のかけ方があることを知らせる。

3 リハーサル
子どもが練習・実演する

10～15分

- 落ち込んでいる子への声のかけ方を参考に、ワーク2に子どもが記入する。
- 隣の子とペアになり、書いたセリフをやり取りする。
- 2～3組のペアに前に出てもらい、やり取りしたことを発表してもらう。

ねらい

・場面に応じ、声かけのスキルにそって、自分でセリフを考える練習をさせる。

4 フィードバック
振り返る

10分

- 今日の学習を振り返り、それぞれ「ふり返り」に記入する。
- 時間があれば、数人に感想を発表してもらう。

ねらい

・一人一人の「気づき」を書かせる。
・授業後は、友達が泣いていたり、落ちこんでいたりしたときに、今日習ったことを意識した声かけができるよう、普段から促す。

次のページでワークシートの解説をします

ワークシートの解説

ワーク1 では、泣いている子に、どうかかわるのがよいのかを考え、ワーク2 では、落ちこんでいる子への声のかけ方を、相手の気持ちを想像しながら考えます。

相手の気持ちを考えるスキル

泣《な》いている友達《ともだち》をなぐさめよう

年　組　番
名前

ワーク1 泣《な》いている子への接《せっ》し方を考える

◆泣《な》いている友達《ともだち》がいるよ。3 人のうち、どの子の接《せっ》し方がいいだろう。

Point Aさんのような接し方をすると、泣いている子はどんな気持ちになるか考えさせる。

Point 自分が泣いているとき、だれも声をかけてくれなかったら、どんな気持ちになるかたずねる。

Point 悪気はなくても、Cさんのようにからかうと、泣いている子がどんな気持ちになるのか想像させることが重要。また、声かけも共感もないことで受ける悲しみが大きくなることを知らせる。

・いちばんいいのは、〈例〉B さんです。

・その理由は 〈例〉やさしく声をかけているから。

Point 答えを書かせながら、普段自分がどの子のタイプに近いのか、考えさせる。

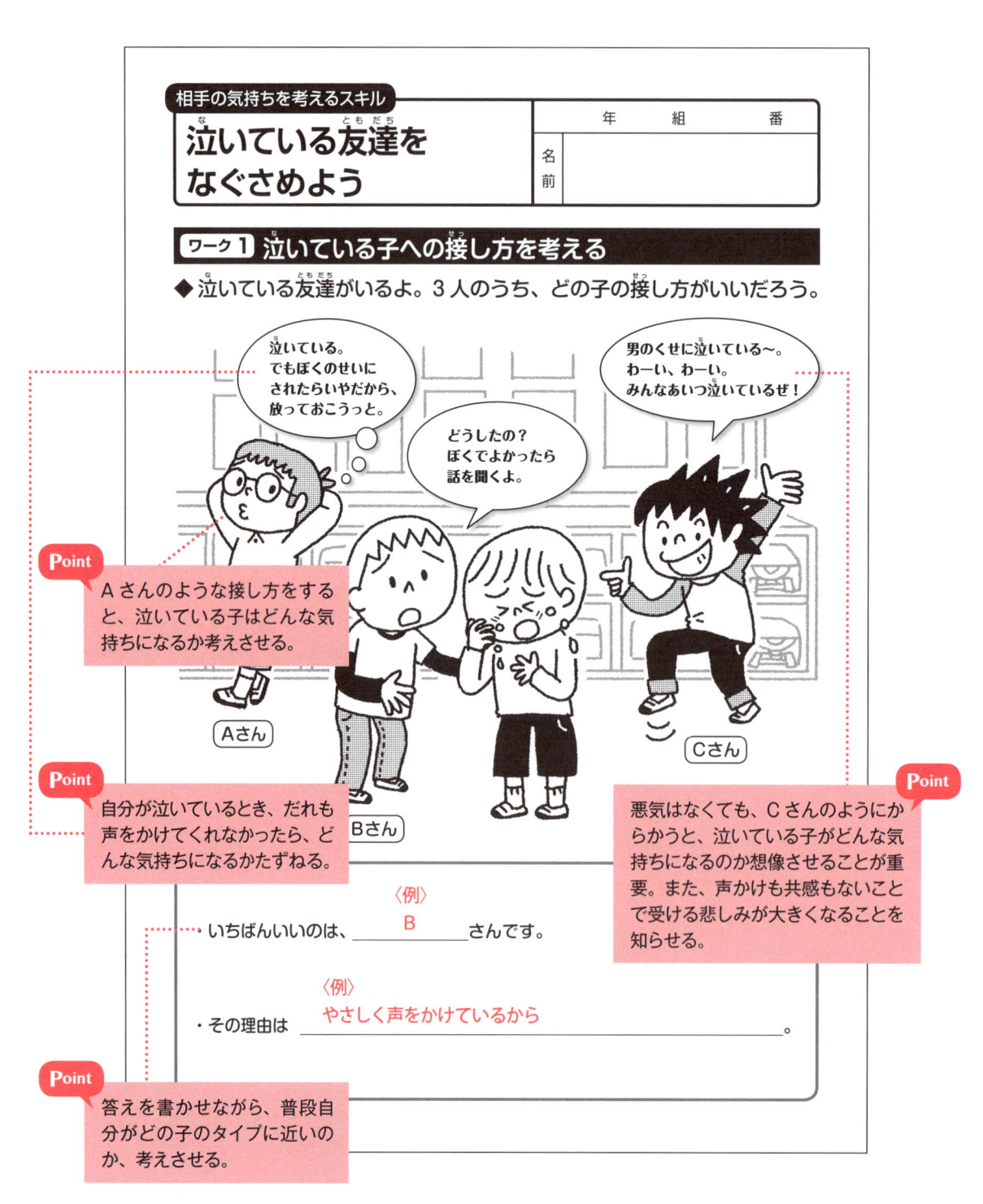

ワークのねらい

だれでも悲しいことや、気持ちが落ちこむことがあります。そうした様子の友達に、「泣いてるの!? どうしたの!!」と、相手の気持ちを無視して大きな声で聞いてしまう子や、巻きこまれたくないからと、見て見ぬ振りをする子がいます。また、心配はしているものの、対応がわからず、思わずからかってしまう子もいるでしょう。どの子も本当は、相手のことが気になっていることには違いありません。ここでは、やさしく相手の気持ちに寄り添うやり方について学びます。

ワーク2 落ちこんでいる子に声をかける

◆友《とも》達《だち》が落ちこんでいるよ。あなたなら、どう声をかける？

①

〈例〉
どうしたの？
①よかったら話して。

Point 相手の女の子の表情に注目させ、どんな気持ちなのか、想像させる。

Point ①落ちこんでいる相手には、まずは、やさしく理由を聞く。無理やり聞き出そうとせず、そっと言葉をかけることを子どもに教える。

②

〈例〉
そうなの。②それは心配だね。

Point ②次に共感の言葉をかけることを教える。「声かけのスキル」では、これが最も重要。

③

〈例〉
③でもきっとよくなるよ。

Point ③最後に、自分が言われたらうれしい言葉を相手にかけられるよう指導する。「自分だったら、なんて言われるとうれしいかな？」とたずねると、子どもも教えやすい。

ふり返り

〈例〉
・泣いている友達がいたら、そっと声をかけようと思った。
・声をかけないでいると、相手の人がさみしくなることがわかった。

Point 順を追って言葉をかけることも大切だが、相手にかける声の大きさについても伝える。

伝わりやすい注意の仕方を考えよう

授業中にふざけている子、友達をからかっている子などに注意するとき、伝え方が悪いと、注意した子がからかわれることがあります。ですが、それを恐れて見て見ぬ振りをするのも、よい方法だとはいえません。ここでは相手に伝わりやすい、けんかにならない注意の仕方を学びます。

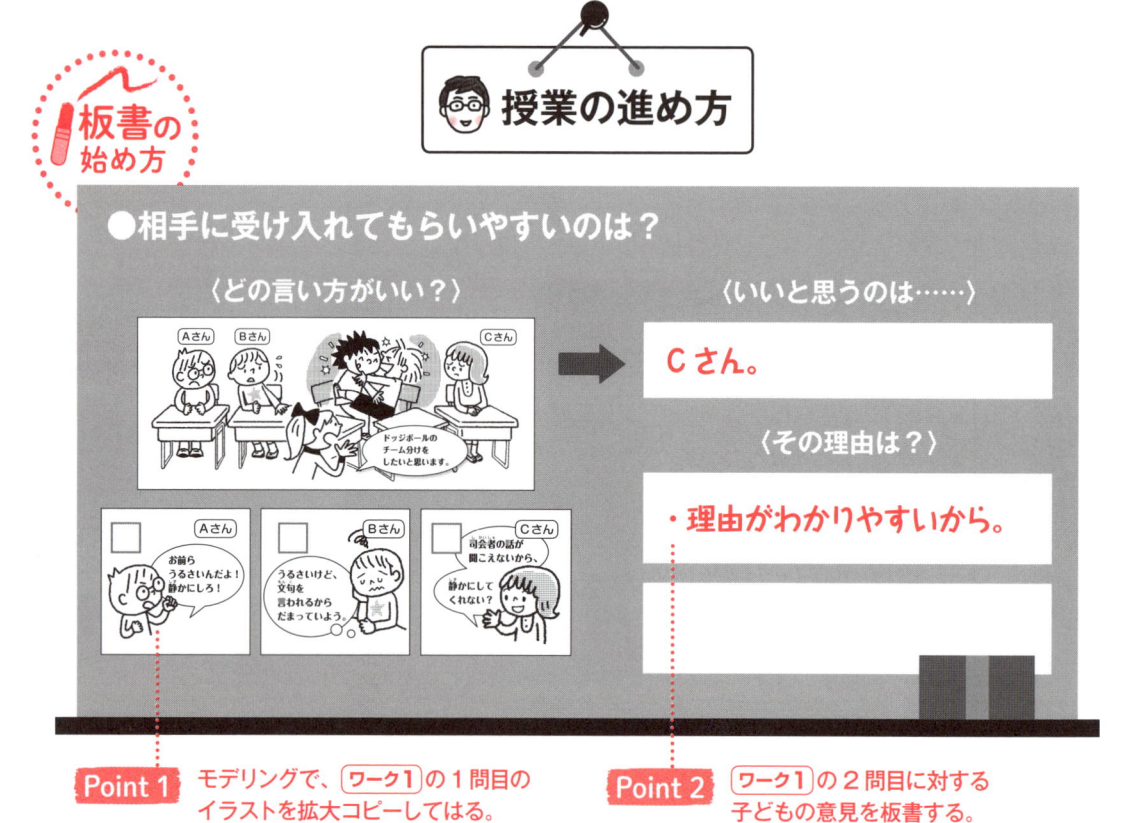

授業の進め方

板書の始め方

●相手に受け入れてもらいやすいのは？

〈どの言い方がいい？〉

Aさん
Bさん
Cさん
ドッジボールのチーム分けをしたいと思います。

Aさん
お前らうるさいんだよ！静《しず》かにしろ！

Bさん
うるさいけど、文句《もんく》を言われるからだまっていよう。

Cさん
司会者《しかいしゃ》の話が聞こえないから、
静《しず》かにしてくれない？

〈いいと思うのは……〉

Cさん。

〈その理由は？〉

・理由がわかりやすいから。

Point 1 モデリングで、ワーク1の１問目のイラストを拡大コピーしてはる。

Point 2 ワーク1の２問目に対する子どもの意見を板書する。

ウォーミングアップ（導入）

5分

① 「最近、先生や家の人に、注意されたことのある人はいるかな。そのとき、どんな気持ちがしたかな？」とたずねる。

② 意見が出たところで、「命令口調で注意されると、頭にくるよね。ほかの人も同じだと思う。じゃあ、だれかに注意をしたいとき、相手に伝わりやすい言い方をするには、どうしたらいいだろう」と、インストラクションにつなげる。

片づけなさい！

1 インストラクション
トレーニングの目的を伝える

5分

- 「友達がよくないことをしているときに、注意できる人になろう」と、本日のテーマを伝える。
- ワークシートを配布する。

ねらい

・けんかにならないようにと、見て見ぬ振りをするのもよくないこと。かといって、強い言い方をすると、けんかになってしまうということに気づかせる。

2 モデリング
手本を見せる

10～15分

- ワーク1 の1問目のイラストをコピーしてはる。Aさん、Bさん、Cさんを教師が演じる。
- 子どもの意見を聞き、確認しながら板書する。子どもはワークシートに○を記入する。2問目の質問をし、出てきた意見を板書する。子どもはワークシートに記入する。 板書!
- ワーク2 に入る前に、伝わりやすい注意の仕方を説明する。

注意の仕方

1. 頭ごなしに否定や非難をしない。
2. 理由を説明する。

ねらい

・注意するときの言い方で、言われる側の受け取り方が違うことに気づかせる。

・理由を伝えて注意すると、伝わりやすいことを知らせる。

3 リハーサル
子どもが練習・実演する

10～15分

- ワーク2 に子どもが記入する。
- 隣の子とペアになり、書いたセリフを声に出してやり取りする。
- 2～3組のペアに前に出てもらい、やり取りしたことを発表してもらう。

ねらい

・答えが出ない場合は、教師が見本を見せてもよい。

・注意をするのは勇気がいるが、大切なことだと理解させる。

4 フィードバック
振り返る

10分

- 今日の学習を振り返り、それぞれ「ふり返り」に記入する。
- 時間があれば、数人に感想を発表してもらう。

ねらい

・一人一人の「気づき」を書かせる。

・授業後は、お互いに注意し合える雰囲気を心がけ、注意が必要な場面では、このスキルを思い出すよう、子どもに働きかける。

次のページでワークシートの解説をします

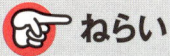

ワークシートの解説

ワーク1 では、伝えるときの態度や言葉の選び方によって、受け手の印象が変わることを学びます。ワーク2 では、実際に言葉を考える、「実戦」につながる内容を紹介します。

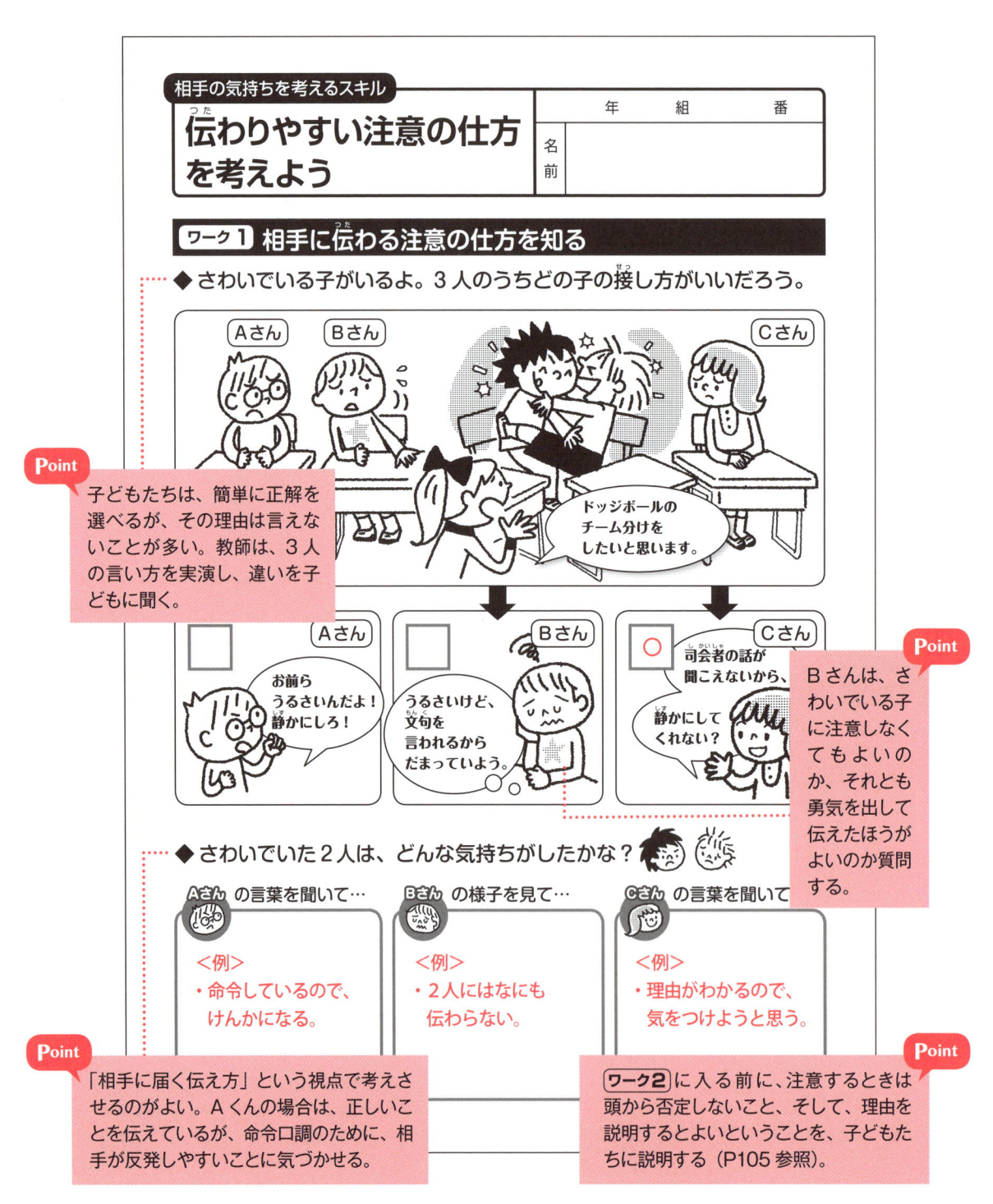

相手の気持ちを考えるスキル

伝《つた》わりやすい注意の仕方を考えよう

年	組	番
名前		

ワーク1 相手に伝《つた》わる注意の仕方を知る

◆さわいでいる子がいるよ。3人のうちどの子の接《せっ》し方がいいだろう。

Aさん
Bさん
Cさん
ドッジボールのチーム分けをしたいと思います。

Point
子どもたちは、簡単に正解を選べるが、その理由は言えないことが多い。教師は、3人の言い方を実演し、違いを子どもに聞く。

Aさん
お前らうるさいんだよ！静《しず》かにしろ！

Bさん
うるさいけど、文句《もんく》を言われるからだまっていよう。

○
Cさん
司会者《しかいしゃ》の話が聞こえないから、
静《しず》かにしてくれない？

Point
Bさんは、さわいでいる子に注意しなくてもよいのか、それとも勇気を出して伝えたほうがよいのか質問する。

◆さわいでいた2人は、どんな気持ちがしたかな？

Aさん の言葉を聞いて…	Bさん の様子を見て…	Cさん の言葉を聞いて…
<例> ・命令しているので、けんかになる。	<例> ・2人にはなにも伝わらない。	<例> ・理由がわかるので、気をつけようと思う。

Point
「相手に届く伝え方」という視点で考えさせるのがよい。Aくんの場合は、正しいことを伝えているが、命令口調のために、相手が反発しやすいことに気づかせる。

Point
ワーク2 に入る前に、注意するときは頭から否定しないこと、そして、理由を説明するとよいということを、子どもたちに説明する（P105参照）。

ワークのねらい

友達に注意をするというのは、子どもにとって、勇気がいる行為です。正しいことを言っても、それがきっかけで攻撃の対象になることも。ですが、だまっているのも気持ちがよくありません。このスキルは、子どもにとって少し難しいので、教師が注意をする子の役を演じながら、「どんな言われ方だったら、注意を聞こうと思うかな」と、注意を受けるほうの気持ちを考えることから始めましょう。伝え方によっては、受け入れやすい言い方もあるとわかると、少しずつ注意できることが増えていきます。

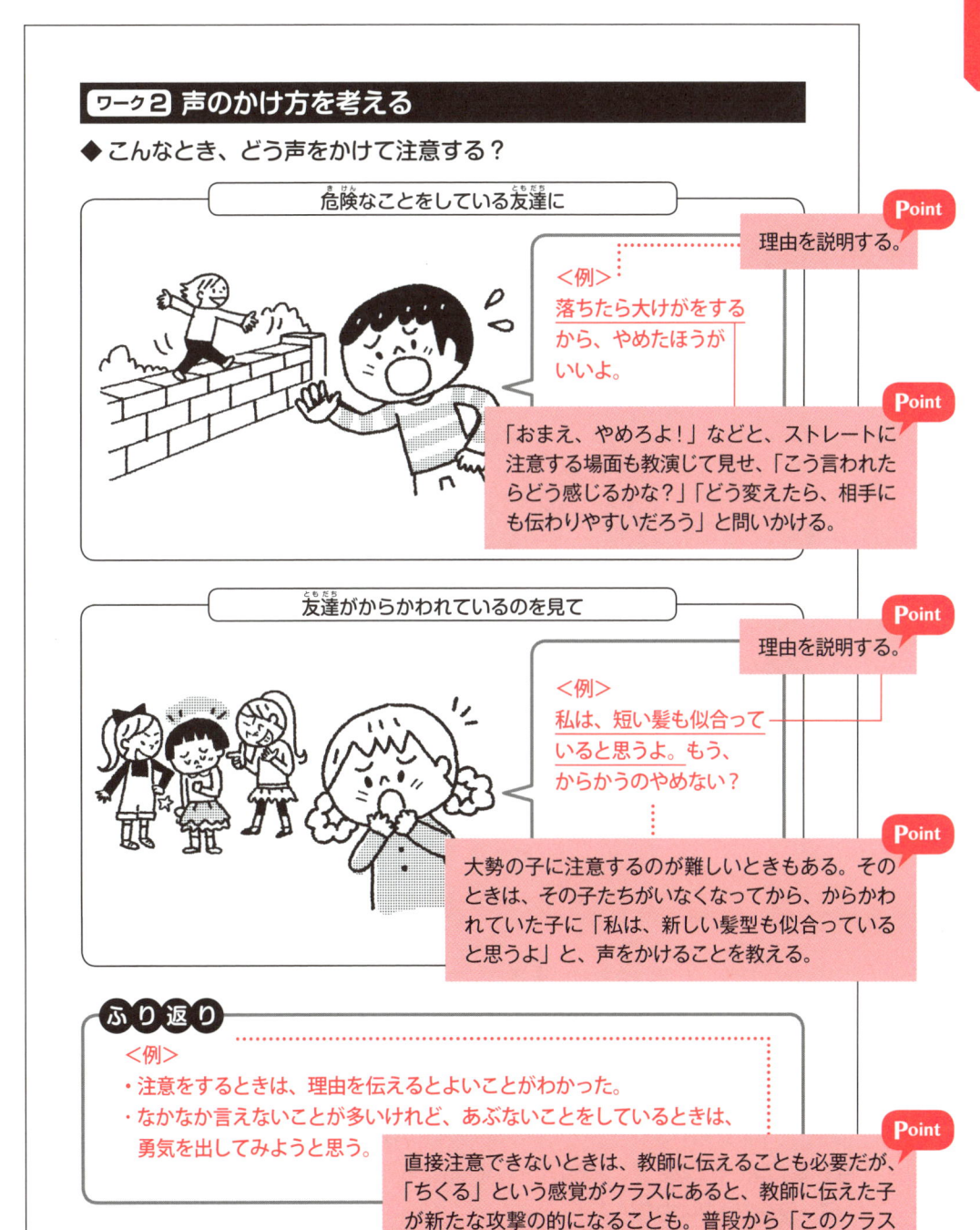

ワーク2 声のかけ方を考える

◆こんなとき、どう声をかけて注意する？

危険《きけん》なことをしている友達《ともだち》に

＜例＞
落ちたら大けがをするから、やめたほうがいいよ。

Point 理由を説明する。

Point 「おまえ、やめろよ！」などと、ストレートに注意する場面も教演じて見せ、「こう言われたらどう感じるかな？」「どう変えたら、相手にも伝わりやすいだろう」と問いかける。

友達《ともだち》がからかわれているのを見て

＜例＞
私は、短い髪も似合っていると思うよ。もう、からかうのやめない？

Point 理由を説明する。

Point 大勢の子に注意するのが難しいときもある。そのときは、その子たちがいなくなってから、からかわれていた子に「私は、新しい髪型も似合っていると思うよ」と、声をかけることを教える。

ふり返り

＜例＞
- 注意をするときは、理由を伝えるとよいことがわかった。
- なかなか言えないことが多いけれど、あぶないことをしているときは、勇気を出してみようと思う。

Point 直接注意できないときは、教師に伝えることも必要だが、「ちくる」という感覚がクラスにあると、教師に伝えた子が新たな攻撃の的になることも。普段から「このクラスには、報告はあっても『ちくる』という言葉はない」と伝えておき、教師へ報告しやすい雰囲気をつくっておく。

相手の気持ちを考えるスキル

受け取りやすい断り方をしよう

子どもたちの間で起こるトラブルの一つに、友達の誘いを断れない、または、頼まれたことを断るのに、「無理！」と突き付けてけんかになるということがあります。誘ってくれた相手がいやな気持ちにならない断り方や、いやなお願いをされたときにきちんと断るやり方を学びます。

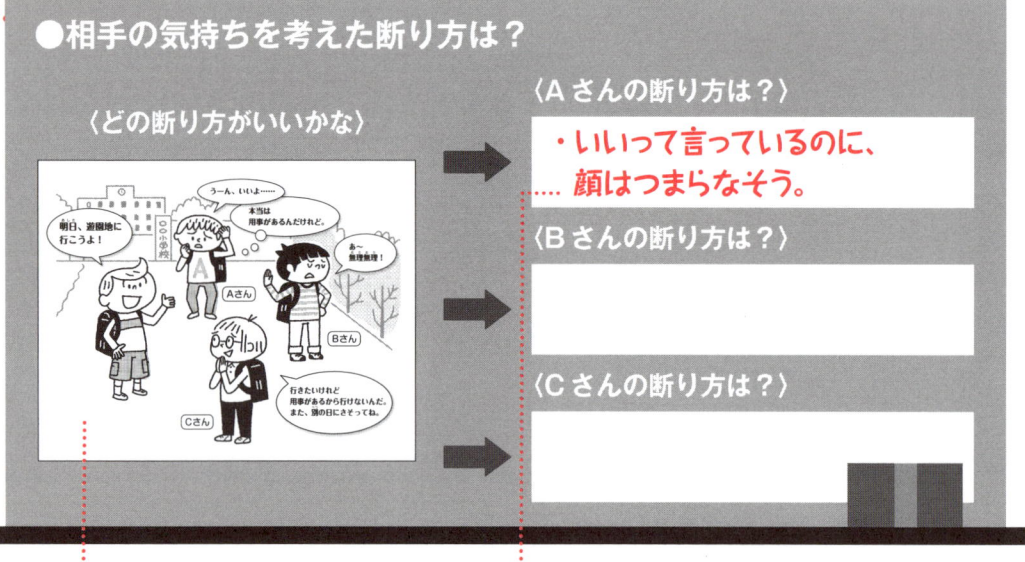

授業の進め方

板書の始め方

●相手の気持ちを考えた断り方は？

〈どの断り方がいいかな〉

明日《あした》、遊園地に行こうよ！
うーん、いいよ……
本当は用事があるんだけれど。
○○小学校
Aさん
あ～無理無理！
Bさん
行きたいけれど用事があるから行けないんだ。また、別の日にさそってね。
Cさん

〈Aさんの断り方は？〉

・いいって言っているのに、顔はつまらなそう。

〈Bさんの断り方は？〉

〈Cさんの断り方は？〉

Point 1 モデリングで、ワーク1のイラストを拡大コピーしてはる。

Point 2 ワーク1に対する子どもの意見を板書する。

ウォーミングアップ（導入）

5分

①「友達からの遊びの誘いやお願いを断るのは勇気がいる、という人はいる？」とたずねて挙手をさせる。次に、「じゃあ、平気だよという人？」と聞き、手を挙げさせる。

②「得意な子もそうでない子もいるね。毎日生活していると、どうしても、お願いされたことを断らなくてはいけないときもあるよね。そんなとき、どうしたらいいんだろう」と、インストラクションにつなげる。

ごめんね

1 インストラクション
トレーニングの目的を伝える

5分

- 「友達に誘われたときや、いやなお願いごとをされたとき、相手が受け取りやすい断り方をしよう」とテーマを伝える。
- ワークシートを配布する。

ねらい

・断り方によって、相手がいやな気持ちになったり、反対に気分よく了承してくれたりすることに気づく。

2 モデリング
手本を見せる

10～15分

- ワーク1 のイラストをコピーしてはる。
- 黒板を見ながら、Aさん、Bさん、Cさんを教師が演じ、子どもに感想を聞き、板書する。子どもはワークシートに記入する。板書!
- ワーク2 に入る前に、自分も相手もいやな気持ちにならない断り方のスキルを説明する。

断り方

1. まず「ごめんね」と謝る。
2. 「ノー」という自分の気持ちを伝える。
3. 代案を伝える。

ねらい

・誘った人の役を、だれか子ども一人にやってもらうと、よりわかりやすくなる。

・突き離すように断ると、相手がどのような気持ちになるのかということに、意識を向けさせる。

3 リハーサル
子どもが練習・実演する

10～15分

- 断り方の説明をもとに、ワーク2 に、子どもがワークシートに記入する。
- 隣の子とペアになり、書いたセリフをやり取りする。
- 2～3組のペアに前に出てもらい、やり取りしたことを発表してもらう。

ねらい

・断るほう、断られるほう、それぞれの役を演じ、感じ方の違いを実感する。

・断られる役を演じた子に、どんな気持ちがしたか感想を聞く。

4 フィードバック
振り返る

10分

- 今日の学習を振り返り、それぞれ「ふり返り」に記入する。
- 時間があれば、数人に感想を発表してもらう。

ねらい

・一人一人の「気づき」を書かせる。

・授業後は、学級会やあそびの話し合いの中で、「断る」状況が出てきたら、この方法を意識させるとよい。

次のページでワークシートの解説をします

ワークシートの解説

ワーク1では、同じ「ノー」という気持ちを伝える場合でも、伝え方で、相手の受け取り方が異なることを学びます。ワーク2では、実際に、上手な断り方を声に出して練習します。

Point 同じ「行けない」ということを伝えている場面だが、態度や言葉によって、相手の受け取り方が大きく変わることを意識させる。

相手の気持ちを考えるスキル

受け取りやすい 断《ことわ》り方をしよう

年　名前

ワーク1 感じのいい断《ことわ》り方を知る

◆次の日に用事があるAさん、Bさん、Cさん。それぞれの断《ことわ》り方について、どう思うかな？

Point 言葉やセリフだけではなく、断っている3人の表情にも注目させる。

明日《あした》、遊園地に行こうよ！
うーん、いいよ……
本当は用事があるんだけれど。
あ～無理無理《むりむり》！
行きたいけれど用事があるから行けないんだ。また、別《べつ》の日にさそってね。
Aさん
Bさん
Cさん
○○小学校

Point 本当は行けないのに無理をして遊びに行ったときのAさんの気持ちを考えさせる。

◆さそった友達《ともだち》は、どんな気持ちがしたかな？

Aさんに対しては	Bさんに対しては	Cさんに対しては
〈例〉いいって言ったのに、つまらなそうだな。	〈例〉無理って、何だか嫌な感じ。もう誘うの、やめようかな。	〈例〉用事があるなら仕方ないな。また、誘ってみよう！

Point 理由も言わずに「無理！」「だめ！」のひと言しか言わないと、拒否されたように相手は感じる。行けない理由を説明すると、次に誘ってもらいやすいことに気づかせたい。

ワークのねらい

友達の誘いやお願いごとを断るのに、申し訳ないと感じてしまう子や、「いやだ」「無理」とひと言で返事をし、言葉が足りないためにけんかになる子がいます。しかし、断っても、相手も自分もいやな気持ちにならない断り方があります。まずは〔ワーク1〕で、断り方も、伝え方や言い回しによっては、相手が傷つかないということに気づかせます。そして、〔ワーク2〕では、相手の気持ちを考えたうえで、断り方を考えていきます。ここでは伝え方よりも、相手の気持ちを想像することに、意識をもたせましょう。

ワーク2 上手な断《ことわ》り方を考える

◆こんなとき、どうやって断《ことわ》ったらいいのかな？

Point 〔ワーク1〕を踏まえて、相手に伝わりやすいよう、「今はこういう理由で断りたい」「こういうタイミングだったら大丈夫」という、2点を伝えるよう意識させる。

本を読みたいのに、サッカーにさそわれたとき

いっしょに
サッカーやろうよ。

〈例〉
①ごめんね。
サッカー、やりたいんだけど、②今、この本を読んでいるから、
③また誘ってね。

Point ①まず、謝る。

Point ②自分の気持ちを伝える。

Point ③代案を伝える。

使っている色えん筆を、貸《か》してと言われたとき

その色えん筆、
貸《か》して！

〈例〉
いいよ。
でも、今使っているから、
後でもいいかな。

Point 断ることになかなか勇気をもてないときは、断られる役を演じるようにして、「言い方によっては、断られても嫌な気持ちがしない」ということを感じるとよい。

ふり返り

〈例〉
- 断ってもいいとわかって、楽になった。
- 無理ってひと言で断ると、相手が嫌な気持ちになることがわかった。

Point 応用として、お金を貸してと言われときや、○○さんを無視しようと言われたときなど、明らかに悪いことだと思ったときは、きっぱりと「それはできない」「そんなことやめよう」と伝えることも大切だと教える。

携帯電話・メールのマナーを覚えよう

携帯電話やメールは、気軽に使える分、メールの頻度や返信の速さが重要視されたり、簡単に画像を流したりと、友達同士のトラブルやいじめにつながりやすい側面があります。相手の気持ちを想像し、お互いに気持ちよく使うための「マナー」について、今からしっかり学んでおきましょう。

授業の進め方

板書の始め方

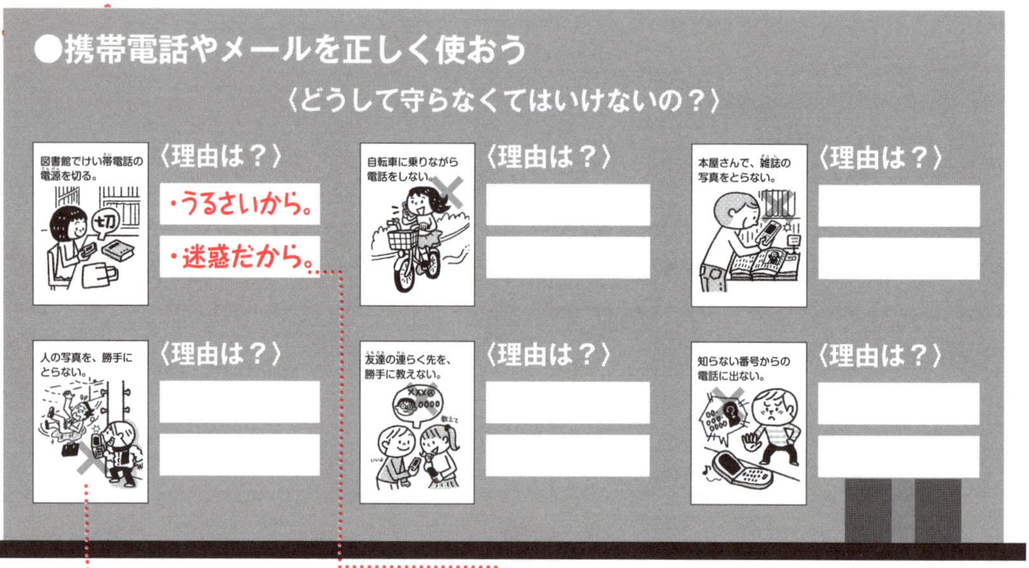
●携帯電話やメールを正しく使おう
〈どうして守らなくてはいけないの？〉
図書館でけい帯《たい》電話の電源《でんげん》を切る。
切
〈理由は？〉
・うるさいから。
・迷惑だから。
自転車に乗りながら電話をしない。
〈理由は？〉
本屋さんで、雑誌《ざっし》の写真をとらない。
〈理由は？〉
人の写真を、勝手にとらない。
〈理由は？〉
友達《ともだち》の連《れん》らく先を、勝手に教えない。
XXX@
0000
教えて
いいよ
〈理由は？〉
知らない番号からの電話に出ない。
〈理由は？〉

Point 1 リハーサルで ワーク2 のイラストを、拡大コピーしてはる。

Point 2 ワーク2 に対する子どもの意見を板書する。

ウォーミングアップ（導入）

5分

①「みんなは、携帯電話やメールを使ったことがある？とても便利だよね。でも、いやな思いをしたことはないかな？」と聞く。「先生は、自分の写真を勝手に撮られたらいやだな」など、例を挙げてもよい。

②「気持ちのいい使い方って、どんなことだろう」と問いかけ、インストラクションにつなげる。

1 インストラクション
トレーニングの目的を伝える

5分

- 「自分も周りの人も気持ちよくいるために、携帯電話のマナーを確認しよう」と、その日のテーマを伝える。
- ワークシートを配布する。

ねらい

・今まで行っていたことの中に、「マナー違反」の行為がなかったか考えさせる。

2 モデリング
手本を見せる

10～15分

- ワーク1 の項目を教師が読み上げる。子どもが考え、記入する。迷う子が多い場合は、教師が１項目ずつ演じて見せるとよい。
- 何人かに答えを発表してもらう。
- ワーク2 に入る前に、マナーとは、人を不快な気持ちにさせないこと、お互いが気持ちよく過ごすためのルールであることを伝える。

ねらい

・教師が演じるときは、人に迷惑をかけていることがわかるよう、大げさに演じるとよい。

3 リハーサル
子どもが練習・実演する

10～15分

- ワーク2 の６つの場面のイラストを、コピーしてはる。
- ワーク2 に、子どもがそれぞれ記入する。
- 数人に前に出てもらい、選んだ理由をそえて発表してもらう。教師はそれを板書する。板書!

ねらい

・いけないことだとわかっていても、理由を説明できない子どもも多い。なぜいけないのかを、きちんと理解させる。
・相手の人や、周りの人の気持ちを考えて、正しい使い方かどうかを考えさせる。

4 フィードバック
振り返る

10分

- 今日の学習を振り返り、それぞれ「ふり返り」に記入する。
- 時間があれば、数人に感想を発表してもらう。

ねらい

・一人一人の「気づき」を書かせる。
・携帯電話によるトラブルは、学校以外のところで起こることが多い。授業後は、ワークシートの問題を変えながら、なるべく定期的にこのトレーニングを行うとよい。

次のページでワークシートの解説をします

ワークシートの解説

ワーク1 では、携帯電話やメールでやってはいけない約束事を確認します。ワーク2 では、なぜ、マナーを守らなくてはいけないのかを考え、周囲の人への心遣いについて考えます。

Point
まずは、解説やヒントを伝えずに記入させるとよい。子どもたちがどの程度マナーについて理解しているか把握できる。

相手の気持ちを考えるスキル

けい帯《たい》電話・メールのマナーを覚《おぼ》えよう

名前

Point
メールは気軽に送りがちだが、相手の様子が見えない分、送るタイミングに配慮する必要があると気づかせる。

ワーク1 やってはいけないことを知る

◆やってはいけないことわかるかな。いけないことに× 印《じるし》をつけよう。

・バスに乗っているときに電話がかかってきたので、電話に出て話をした。	×
・お見まいに行ったときに、病院に入る前にけい帯《たい》の電源《でんげん》を切った。	
・朝早く目が覚《さ》めたので、ひまつぶしに友達《ともだち》にメールをした。	×
・大事な用事を伝《つた》えるのを忘《わす》れてしまったので、友達《ともだち》にメールをした。	
友達《ともだち》にメールを出したが、返事が来ないので、5分おきに何度もメールを出した。	×
電話をかけたときに、「今、お話できますか。」と相手にたずねた。	
歩きながら、けい帯《たい》電話でゲームをした。	×
・けんかをして頭にきたので、相手の子にいやがらせのメールを送った。	×
・けい帯《たい》電話をなくしたので、すぐに家の人に相談した。	
・知らない人からメールが来たので、待たせると悪いと思ってすぐに返信《へんしん》した。	×
・お父さんのけい帯《たい》電話が置《お》いてあったので、お父さんに断《ことわ》らずにゲームをした。	×
・インターネットのけい示《じ》板《ばん》のアンケートに、自分の電話番号を書きこんだ。	×

Point
相手にも都合があることを伝え、自分がされたらどんな気持ちになるか考えさせる。

Point
マイナスな感情をぶつけられると、自分だったらどんな気持ちがするかを考えさせる。

Point
人にぶつかったり、駅のホームで転落したりする危険を伝える。

Point
携帯電話はゲーム機ではないことを伝える。壊してしまうと、持ち主にどんな困ったことが起こるのか考えさせたい。

Point
自分の名前や住所、連絡先などを「個人情報」と言う。だれでも見られる場所にそれを書くと、犯罪に巻き込まれる危険があることをしっかりと説明する。

ワークのねらい

最近、携帯電話のメールやコミュニケーションツールによる子ども同士のトラブルが深刻化しています。相手を深く傷つけるような言葉を簡単に送りつけたり、気軽に連絡先を伝えて、犯罪に巻きこまれそうになることもあります。教師は、単にマナーを教えるのではなく、どうしてやってはいけないのかを、しっかり理解させることが大切です。小学生のうちに、安全に気をつけ、思いやりをもって使うことの大切さを身につけられるよう、繰り返し伝えていきましょう。

Point 本を撮影することは、著作権法という法律で禁止されていることを説明する。

ワーク2　公共《こうきょう》のマナーについて考える

◆次にあげるルールやマナーは、どうして守らなくてはならないのかな。理由を考えてみよう。

図書館でけい帯《たい》電話の電源《でんげん》を切る。

理由は……

<例> 本を読んでいる人の迷惑になるから。

自転車に乗りながら電話をしない。

理由は……

<例> 周りが見えなくて、事故になるから。

本屋さんで、雑誌《ざっし》の写真をとらない。

理由は……

<例> 法律で決められているから。

人の写真を、勝手にとらない。

理由は……

<例> 写真を撮りたいときは、相手に聞くこと。

友達《ともだち》の連《れん》らく先を、勝手に教えない。

理由は……

<例> その人が犯罪に巻き込まれる危険があるから。

知らない番号からの電話に出ない。

理由は……

<例> 犯罪に巻き込まれる危険があるから。

Point 人の写真を無断でメールで送ったり、友達の連絡先を勝手に教えたりするのは、法律違反。知らないところで自分の写真が撮られていたらどう思うか想像させる。

ふり返り

<例>

- 勝手に本の内容や人の写真をとってはいけないことを知った。
- メールを続けて何度も送ると、相手が迷惑するかもしれないと気づいた。

Point 今まで知らないでやっていたことが、人に迷惑をかけたり、人を深く傷つけたりする場合があったかもしれないと気づくことが重要。

自分の気持ちを伝えるスキル

実践編

豊かな人間関係を築くには、「聞く力」と「伝える力」の両方が必要です。この分野では、「伝える力」をはぐくみます。相手を思いやる発言を意識するようになると、クラスの話し合いが活発化します。発言しやすい雰囲気に変わるでしょう。

▶▶この分野ではぐくみたい「ねらい」

いくら「聞く力が大事」といっても、ただ相手の話を聞いているだけでは、人間関係は深まりません。自分の気持ちや考えを伝えることも必要です。そこでこの分野では、相手の状況に配慮した「気持ちの伝え方」について学びます。**自分の考えを伝えたり、相手を誘ったり、提案したりするときは、相手の気持ちを考えて行うことが大切です。**

しかし最近は、意見を強引に押しつけてしまい、うまく人間関係が築けない子どもが増えています。ですが、本人はなぜトラブルになるのかわかっていません。一方で、相手の反応を恐れて、言

取り上げるスキル	内容
□ 遊びや活動に友達をさそおう	●さそいやすい子を見つける ●電話での上手なさそい方
□ 集団の中で提案できるようになろう	●ほかの人に伝わりやすい言い方を知る ●提案するときの正しいやり方
□ 相手を傷つけずに自分の意見を言おう	●相手が傷つかない言い方を考える ●友達とちがう意見を伝える
□ きちんと謝ろう（基本編）	●相手の気持ちを考えよう ●ミスをしたらすぐに謝る
□ きちんと謝ろう（応用編）	●悪気がなくてもちゃんと謝ろう ●時間がたってからの謝り方
□ 困っている人を助けよう	●困っている人に気づく ●声のかけ方を学ぶ
□ 上手にたのみごとをしよう	●一人でできないときは？ ●お願いしてみよう

いたいことを言えずに我慢する子もいます。どちらも上手な伝え方とはいえないでしょう。ここで重要なのが、**「相手の意見を批判せず、自分の気持ちを伝える」スキル。心理学用語でアサーション（P126～129参照）といい、相手も自分も尊重する表現方法です。**これが身につくと、相手を思いやった会話を続けられるようになります。

▶▶こんな活用の仕方がおすすめ！

この分野は、学級会や班活動など、集団でのコミュニケーションを高めるスキルを中心に扱っています。できれば子どもたちが出会ったばかりの4月よりも、少しクラスが落ち着いた5月以降のほうが定着しやすいでしょう。子どもたちも、よりリアリティーをもって取り組むことができるのではないでしょうか。

また、**最近は人に迷惑をかけても謝らないために起きるトラブルも増えているため、「謝り方のスキル」も取り入れています。**謝れないのは子どもがわがままになったためではなく、相手を傷つけていることに気づいていないためです。このスキルは、授業で取り上げるだけではなく、日常で子ども同士のトラブルが起きたときに、学級会などで解決法について考える際の手立てとしてもよいでしょう。繰り返し意識させることで、言葉の選び方や、相手への言葉かけが変わっていきます。

ねらい

・けんかやトラブルにならない声のかけ方、タイミングを知る
・約束の取りつけ方の手順を学ぶ

・発言の仕方や態度によって、受け取り方が違うことに気づく
・提案の仕方を考える・実際にやってみる

・反対意見を言ってもいい、ということを知る
・相手の意見を尊重したうえで、自分の意見を言うという方法を学ぶ

・相手を不快にしていることに気づく
・ミスや失敗をしたら、すぐに謝れる人になる

・マナー違反をしたことに気づいて、謝れる人になる
・悪気はなくても不快な思いをさせたら、謝ることを身につける

・自分のことだけでなく、周りで困っている人に気づけるようになる
・困っている人へ声をかけられるようになる・声のかけ方を知る

・人に頼みごとをしてよいことを知る
・気持ちのよい頼み方を知る

遊びや活動に友達を誘おう

子どもにとって、友達との関係づくりをステップアップするのに、「誘い方」はとても重要です。気持ちのいい誘い方を身につけることを目指しましょう。また、高学年になると、電話で遊びに誘う機会も出てきますので、電話での「約束の仕方」についても考えます。

授業の進め方

板書の始め方

●誘い方名人になろう！
〈サッカーをしたいけど、一人足りません。さて、どの子を誘う？〉
本を読んでいる子
ほかの子と遊んでいる子
ほかの遊びをしている子
一人でサッカーをしている子
先生と話している子
急いでいる様子の子
〈なぜ誘ったのかな？〉
・サッカーをしたそうだったから。

Point 1 モデリングで、ワーク1の１問目の６つの場面のイラストを拡大コピーしてはる。

Point 2 ワーク1の１問目に対する子どもの意見を板書する。

ウォーミングアップ（導入）

5分

① 「友達と遊ぶのは、とっても楽しいよね。今日の休み時間に、みんなは何をして遊んだ？」と聞き、２人以上で遊んだ子に、手を挙げてもらう。

② その子たちに、「だれが、どんなふうに声をかけて誘ったんだろう？」と質問する。さまざまな答えが出てきたところで、「声のかけ方もいろいろあったね」と言いながら、黒板に「誘い方名人になろう！」と書き、インストラクションにつなげる。

誘い方名人！

1 インストラクション
トレーニングの目的を伝える

- 「遊びや活動に誘うときは、友達の状況をよく見て声かけをしよう」と、目的を伝える。
- ワークシートを配布する。

5分

ねらい

・だれかを誘うときには、相手の状況をよく見て、声をかけてよいか考えさせる。

2 モデリング
手本を見せる

- ワーク1の1問目。イラストをコピーして黒板にはり、どの子を誘うか質問する。
- 子どもから出た意見を、確認しながら板書する。子どもはワークシートに記入する。板書!
- ワーク1の2問目。3つの場面を教師が演じ、意見を聞く。子どもは○を記入する。

10～15分

ねらい

・イラストを見ながら、自分が遊びたいからといって、やみくもに声をかけていいわけではないことに気づかせる。
・声かけや態度によって、相手の受ける印象が違うことを実感させる。

3 リハーサル
子どもが練習・実演する

- 電話での約束の仕方を説明する。

電話での約束

1. 相手の都合を聞く。2. 誘いの内容を伝える。
3. 日時を再確認する。

- ワーク2に子どもが記入する。隣の子とペアになり、記入したセリフをやり取りする。
- 2～3組のペアに前に出てもらい、やり取りしたことを発表してもらう。

10～15分

ねらい

・少し先のことを約束するときの、正しい手順を伝える。
・友達の発表を見て、さまざまな言い方があることに気づかせる。
・「電話の設定」が難しいときは、直接やくそくを取り付ける設定で行ってもよい。

4
振り返る

- 今日の学習を振り返り、それぞれ「ふり返り」に記入する。
- 時間があれば、数人に感想を発表してもらう。

10分

ねらい

・一人一人の「気づき」を書かせる。
・授業後は、日常の中でも今日の練習が学校や放課後の遊び、その他の活動にも生かされるよう定着化を促す。

次のページでワークシートの解説をします

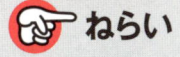

ワークシートの解説

ワーク1 では、誘うときには、「相手の状況をよく見ることが大切」ということを学びます。
ワーク2 では、「電話で遊びの約束をする」という、少し高度な誘い方を学びます。

自分の気持ちを伝《つた》えるスキル

遊びや活動に友達《ともだち》をさそおう

年　組　番

名前

Point この設問を通して、ただ自分の気持ちを言えばいいわけではなく、相手にも事情があることに気づかせる。

ワーク1 さそいやすい子を見つける

◆ サッカーをしたいとき、どの子をさそったらいいかな？ ○をつけよう。

本を読んでいる子
ほかの子と遊んでいる子
ほかの遊びをしている子
一人でサッカーをしている子
先生と話している子
急いでいる様子の子

選《えら》んだ理由を書こう

＜例＞
・サッカーボールであそんでいるから。
・一人であそんでいるから。

Point 選んだ理由を考えることで、どんなときに誘ってはいけないのかについても理解させる。また、「誘わなかった理由」についても聞くとよい。

◆ いいと思うさそい方はどれだろう？ ○をつけよう。

そんなのやめて
サッカー
やろうよ。
一人足りないんだ。
よかったら
いっしょにやらない？
おい！
サッカーやるぞっ！

Point 誘うときの言葉の選び方、○で囲った表情、言い方に注目させる。特に、命令口調だとけんかになったり、相手を怖がらせたりすることに気づかせたい。

ワークのねらい

子ども同士のトラブルでよくあるのが、自分の「やりたい、遊びたい」という気持ちを押しつけてしまい、けんかになるケースです。相手にもそれぞれの状況や気持ちがあるということに、考えが及ばないのです。そこで ワーク1 では、声をかける前に相手の状況を見る必要があること、そして、言葉のかけ方や態度によって、相手の態度が変わることを学びます。 ワーク2 では、電話での誘い方を紹介しています。少し高度なので、電話ではなく、直接約束をとりつけるという設定で行ってもよいでしょう。

Point
3～4年生は電話での約束ではなく、その場で放課後の遊びを決めるといった設定で行ってもよい。

ワーク2 電話での上手なさそい方

◆夏休み。電話で、友達《ともだち》を学校のプールにさそってみよう。

1 友達《ともだち》の都合を聞く

<例>
①明日、何か予定ある？

Point
①最初に相手の予定を確認する。もし自分の都合を聞かれずに、いきなり誘われたらどんな気持ちがするか、子どもに聞く。

2 約束《やくそく》する内容《ないよう》を伝《つた》える

<例>
②よかったら、
学校のプールに
行かない？

Point
②誘いたい内容を、相手に伝える。

3 時間と場所を確認《かくにん》する

<例>
③じゃあ、明日、
学校のプールね。
朝９時に正門の前で。

Point
③最後に、約束を確認する。こうすることで、行き違いといったトラブルを防ぐ。

Point
最後に、電話は表情がわからないので、声のトーンや話す順番が重要であることを、全員で確認する。

ふり返り

<例>
・遊びに誘う前に、友達のしていることをよく見ようと思った。
・相手を誘うときは、命令しないようにする。
・電話は苦手だったけれど、やり方がわかったので安心した。

Point
命令口調やえらそうな口調で誘わない、誘いたい相手が友達といるときは、一人だけを誘わないなど、一人一人の気づきができていればOKとする。

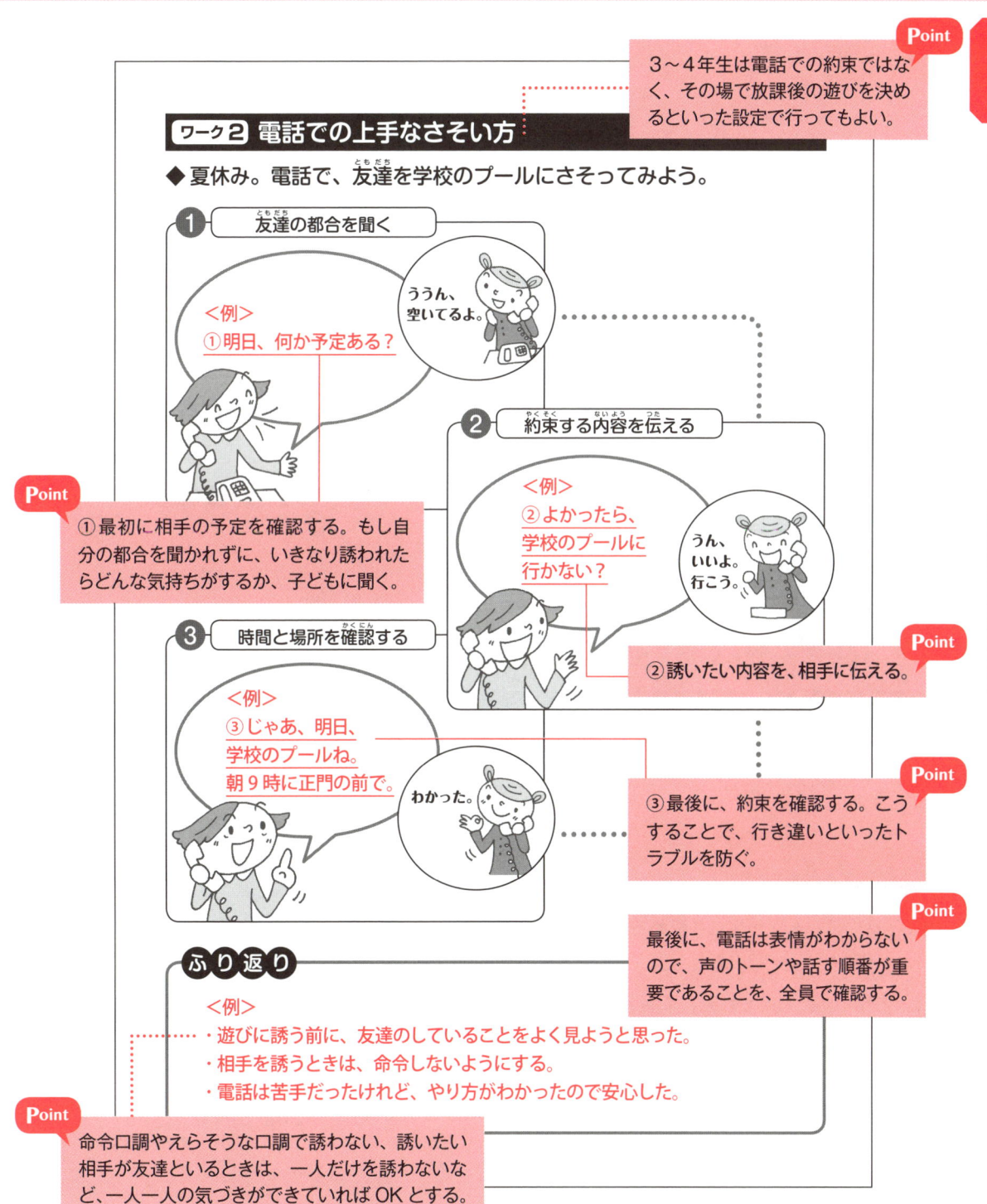

集団の中で提案できるようになろう

年齢が高くなるにつれて、学級会や班活動で、発言や提案をする機会が増えていきます。しかし、自分の意見ばかりを主張する子や、自分の意見が言えない子、だれかが話している途中で口を挟む子など、さまざまな子がいます。発言するときのルールと、集団の中での提案の仕方を学びましょう。

授業の進め方

板書の始め方

●提案上手になろう！

〈どの発言の仕方がいいかな？〉

〈その理由は？〉

Aさん
・はっきりしゃべらないとわからない

Bさん

Cさん

〈よい発言とは？〉

・そう思った理由まで伝える

Point 1 モデリングで、ワーク1の１問目のイラストを拡大コピーしてはる。

Point 2 ワーク1の１問目に対する子どもの意見を板書する。

Point 3 ワーク1の２問目に対する子どもの意見を板書する。

ウォーミングアップ（導入）　5分

① 「もしみんなが生まれ変わるとしたら、イヌとネコ、どちらがいいと思う？」など、選択肢のある質問をする。

② 子どもたちにそれぞれに手を挙げてもらった後で、「どうしてそう思ったんだろう？」と、理由を聞く。

③ いくつか意見を聞いた後で、「なるほど。わかりやすく理由が説明できている人がいたね」と、インストラクションにつなげる。

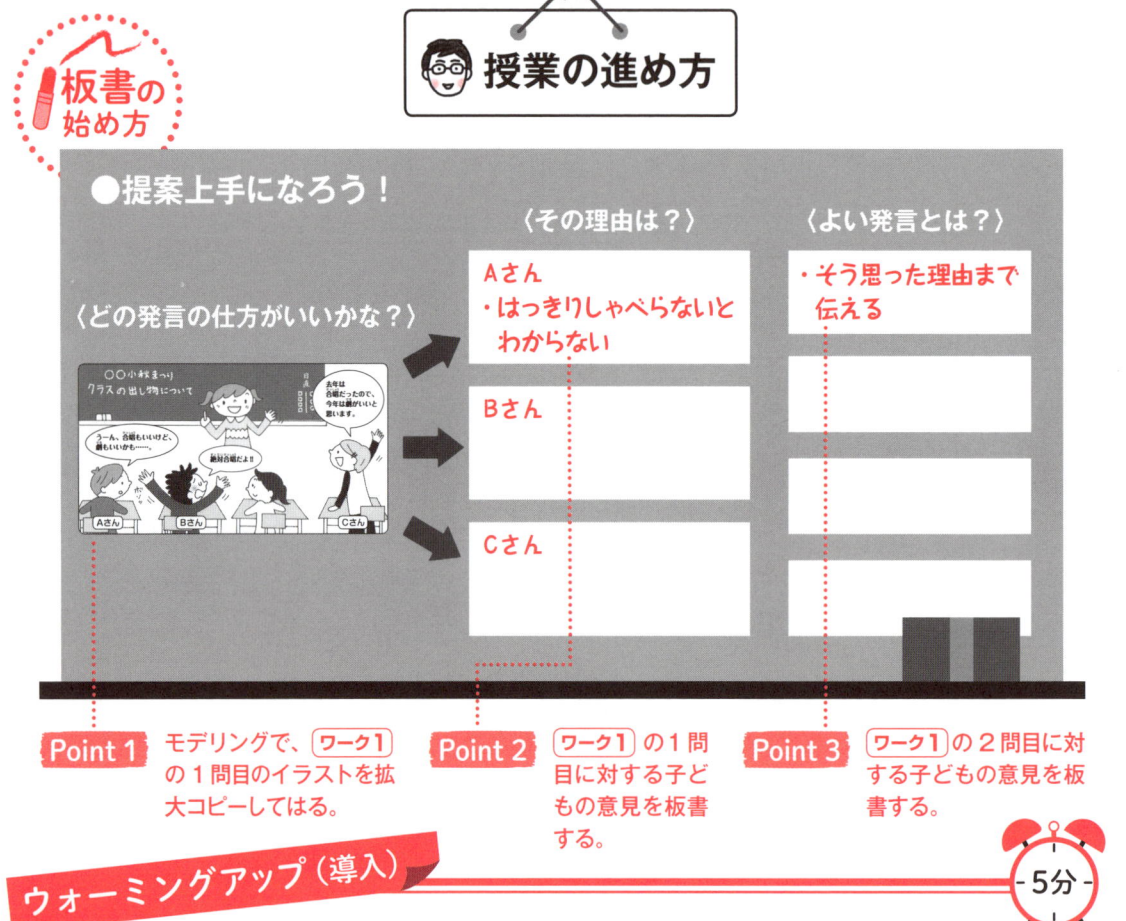

1 インストラクション トレーニングの目的を伝える

5分

- 「聞いている人たちに伝わるように、提案ができるようになろう」と、目的を伝える。
- ワークシートを配布する。

ねらい

・相手に伝わりやすい提案の仕方があることを知らせる。

2 モデリング 手本を見せる

10～15分

- ワーク1 の1問目のイラストを黒板にはり、Aさん、Bさん、Cさんの発言を教師が演じる。子どもに感想を聞き、確認しながら板書する。子どもはワークシートに記入する。板書!
- ワーク1 の2問目。何人かに意見を発表してもらい、確認しながら板書する。子どもはワークシートに記入する。板書!

ねらい

・その人の発言の仕方によって、聞くほうの受け取り方が違ってくることを伝える。

・大勢に向かって提案するときは、理由を添えるとよいことに気づかせる。

3 リハーサル 子どもが練習・実演する

10～15分

- 発言するときのやり方を説明する。

電話での約束

1. 手を挙げる。2. 名前を呼ばれたら立つ。
3. 発言し、その後でそう思った理由を説明する。

- ワーク2 に、子どもが記入する。隣の子とペアになり、記入したセリフをやり取りする。
- 2～3組のペアに前に出てもらい、やり取りしたことを発表してもらう。

ねらい

・「手を挙げる」→「名前を呼ばれたら立つ」→「発言する」という、正しい提案の仕方を全員で確認する。

4 フィードバック 振り返る

10分

- 今日の学習を振り返り、それぞれ「ふり返り」に記入する。
- 時間があれば、数人に感想を発表してもらう。

ねらい

・一人一人の「気づき」を書かせる。

・授業後は、学んだ「提案の仕方」のルールを朝の会や学級会、授業中などにとり入れ定着させる。

次のページでワークシートの解説をします

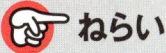

ワークシートの解説

ワーク1 では、提案するときは、なぜそれがよいと思ったのかという「理由」を添えると伝わりやすいことを学びます。ワーク2 では、提案するときの「ルール」を理解していきます。

自分の気持ちを伝《つた》えるスキル

集団《しゅうだん》の中で提案《ていあん》できるようになろう

年

名前

Point
提案するときは、自分の気持ちを言いっぱなしにしない、自分の意見を押しつけない、理由を添えると聞いている人にわかりやすい、といったことに気づかせる。

ワーク1 ほかの人に伝《つた》わりやすい言い方を知る

◆クラスで秋祭りで行う出し物について話しているよ。どの人の発言の仕方がいちばんよいかな。

○○小秋まつり
クラスの出し物について
日直
去年は合唱《がっしょう》だったので、今年は劇《げき》がいいと思います。
うーん、合唱《がっしょう》もいいけど、劇《げき》もいいかも……。
絶対合唱《ぜったいがっしょう》だよ!!
ボンッ
Aさん
Bさん
Cさん

<例>
・いちばんいいなと思ったのは、 C さんの伝え方です。

<例>
・その理由は 理由をきちんと言っているから

Point
「よい伝え方」の理由を考えるとともに、Aさんや B さんの発言がなぜよくないのか、聞いている人はどう感じるのか考えさせる。

◆意見を言うときには、どんなことに気をつければいいかな？ 声の大きさや言い方に注目して、考えてみよう。

<例>
・なぜそう思うのか、理由を言うといい。
・自分の言いたいことを、決めてから発言する。
・自分の意見を押しつけない。

Point
ワーク1 を通して、自分がこれまでどのタイプだったか振り返り、気づかせてもよい。

Point
ワーク2 に入る前に、周りの人に伝わりやすい声の大きさや言葉遣いについても考えさせたい。

ワークのねらい

大勢の中で提案する、意見を言うといった機会は、高学年になるほど多くなります。ここでは、相手に伝わりやすい発言の仕方を学ぶとともに、集団で話し合うときのルールやマナーについて考えていきます。そして、「発言するときは手を挙げる」→「指名されたら立つ」→「発言する」というルールがなぜ必要なのか理解させましょう。このルールは、簡単そうですがなかなか守れずに、ルーズになりがちです。朝の会などでも約束事とし、根気強くクラス全体で取り組むことが重要です。

Point ワーク2に入る前に、提案するときは「手を挙げる」→「指名されたら立つ」→「発言する」という流れを説明し、教師がやって見せる。

ワーク2 提案《ていあん》するときの正しいやり方

◆レクリエーションについて話しているよ。「大なわとびをしよう」と提案《ていあん》するとき、何と言ったらいいかな。

❶ 手を挙《あ》げて、名前を呼《よ》ばれてから席《せき》を立つ

○○さん。
はい。

Point 一人一人が、勝手に発言したらどうなるのか質問し、手を挙げて発言することの必要性に気づかせる。

❷ ほかの人に聞こえる声で、自分の意見を言う

<例>
わたしは大なわとびがいいと思います。

❸ どうしてそう思うのか理由を伝える

<例>
もうすぐ校内のなわとび大会があるので、練習にもなるからです。

Point 発言するときは、先に結論を言うと、聞いている人にわかりやすいということを、ここで確認する。

Point 理由の説明があるときとないときでは、聞いている人の感じ方がどう違うのか考えさせる。

ふり返り

- 発言するときのルールを守る。
- 指名されていないのに、勝手に話さない。
- 大きな声ではっきりと言う。
- 発言の理由を言う。など

相手を傷つけずに自分の意見を言おう

友達の意見や提案に反対の意見を述べるのは、子どもにとってハードルが高いことの一つ。相手を傷つけたくない、嫌われたくないと、自分の意志を表に出さない子どももいます。相手の意見を否定せずに、自分の意見を言う「アサーション」という伝え方についても学びましょう。

授業の進め方

板書の始め方

●傷つけずに意見を言おう

〈どの言い方がいいかな？〉

〈いいのは……？〉 → Dさんの意見

〈それはなぜ？〉 → ・選んだ理由がわかりやすいから。

〈傷つくのは……？〉

〈それはなぜ？〉

Point 1 モデリングで、ワーク1の1問目のイラストを拡大コピーしてはる。

Point 2 ワーク1の2、3問目に対する子どもの意見を板書する。

ウォーミングアップ（導入）

5分

① 子どもたちに、「休み時間に、自分がドッジボールをしたいと思っているとき、だれかが『サッカーをしよう』と言ったら、そのときはみんなはどうするかな？」と質問する。

② 「やだ！って言う」「サッカーをしようと言う」「黙ってる」など意見を聞いた後で、「そこにいるみんなが我慢しない、けんかにもならない言い方をするには、どうしたらいいのかな」と、インストラクションにつなげる。

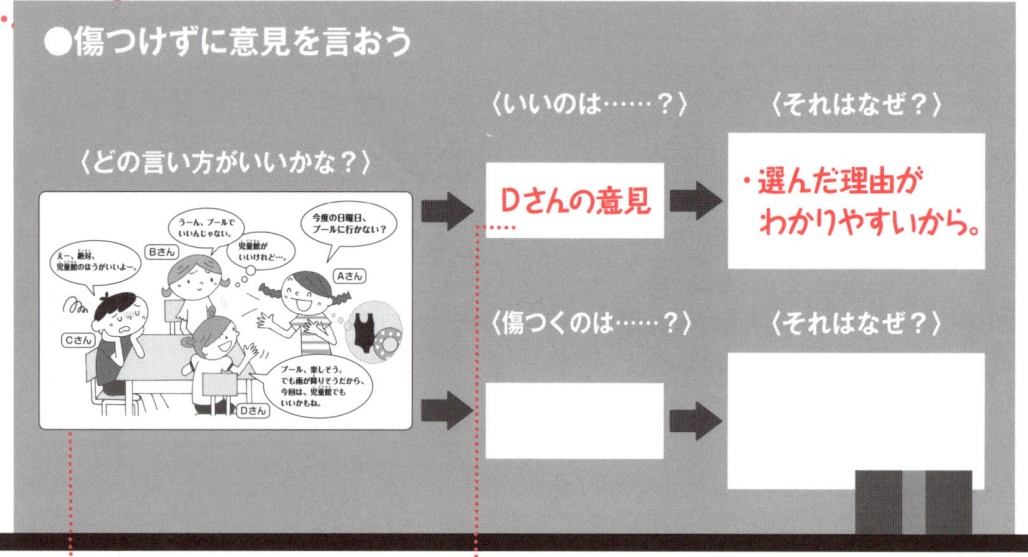

1 インストラクション
トレーニングの目的を伝える

5分

- 「相手を傷つけずに、自分の意見や反対意見を言えるようになろう」と、目的を伝える。
- ワークシートを配布する。

ねらい

・高学年になると、子どもたちだけで話し合いをする機会も増える。そこで、相手を傷つけず、けんかにならない意見の伝え方があることを知らせる。

2 モデリング
手本を見せる

10～15分

- ワーク1のイラストを黒板にはる。子どもがAさんを、教師がBさん、Cさん、Dさんを演じ、子どもに意見を聞いて板書する。子どもはワークシートに記入する。板書!
- ワーク2に入る前に、「アサーション」について説明する。

アサーション

1. 否定せず、相手の気持ちや言葉を受け止める。
2. 自分の気持ちや考え、理由などを相手に伝える。
3. 代わりの案を伝える。

ねらい

・同じ反対意見を伝えるのでも、言葉の使い方で印象が変わることに気づかせる。

・相手を受け止めた上で、自分の意見を言う」というスキル（アサーションと言う）があることを知らせる（P83参照）。

3 リハーサル
子どもが練習・実演する

10～15分

- アサーションの説明をもとに、ワーク2に子どもが記入する。
- 隣の子とペアになり、記入したセリフをやり取りする。
- 2～3組のペアに前に出てもらい、やり取りしたことを発表してもらう。

ねらい

・「アサーション」を意識した言葉かけを自分たちで考えさせ、その後、「自分の意見の伝え方」を確認する。

・友達と「アサーション」を使った会話をやり取りし、感じ方の違いを体験させる。

4 フィードバック
振り返る

10分

- 今日の学習を振り返り、それぞれ「ふり返り」に記入する。
- 時間があれば、数人に感想を発表してもらう。

ねらい

・一人一人の「気づき」を書かせる。

・授業後は、意見発表やクラスの話し合いなどの場面で、このスキルを使うよう促し、定着させる。

次のページでワークシートの解説をします

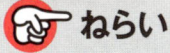

ワークシートの解説

ワーク1 では、反対意見を言うことで、友達と気まずくなったりけんかになったりする理由を考えます。ワーク2 では、相手に受け入れられやすい反対意見の言い方を習得します。

自分の気持ちを伝《つた》えるスキル

相手を傷《きず》つけずに 自分の意見を言おう

年	組	番
名前		

ワーク1 相手が傷《きず》つかない言い方を考える

◆ A さんが、遊びの提案をしているよ。

Aさん
今度の日曜日、
プール に行かない？
Bさん
うーん、プールで
いいんじゃない。
児童館《じどうかん》が
いいけれど…。
Cさん
えー、絶対《ぜったい》、
児童館《じどうかん》のほうがいいよー。
Dさん
プール、楽しそう。
でも雨が降《ふ》りそうだから、
今回は、児童館《じどうかん》でも
いいかもね。

◆ Aさんがいちばん傷《きず》つく言い方をしているのはだれかな。それはなぜだろう。

<例>
C さん。
・「えー」という感じの悪い言葉で話し始めている。
・自分のほうが正しいと言っている。

◆ Aさんがいちばん受け入れやすい反対意見はどれかな。それはなぜだろう。

<例>
D さん。
・A さんの意見も「いいね」と言っている。
・理由がわかりやすい。

Point
相手に合わせる B さんをよしとする意見が出たら、「本当にどちらでもいいなら、人に合わせるのも悪くない。でも、我慢して人に合わせるのはどうだろう」と問いかける。

Point
時間があれば、上の 4 人のやり取りを、立場を変えて子ども同士で演じさせる。そして、自分の意見が頭から否定されたり、アサーションを使って意見されたりしたときの感じ方の違いを意識させてもよい。

ワークのねらい

ここでは、相手の意見を受け止めたうえで､自分の（反対）意見を伝える「アサーション」という伝え方を学びます。これは大人でもできない人が多いスキルです。最初からうまくはいかないかもしれませんが､「こういう伝え方がある」と知るだけで、ずいぶんと子どもたちのコミュニケーションが変わります。いつも攻撃的な方法でしか意見を伝えられない子にも、また、自分を押し殺して相手に合わせてしまう子にも、有効な手段です。日常のさまざまな場面で使うように、意識していきましょう。

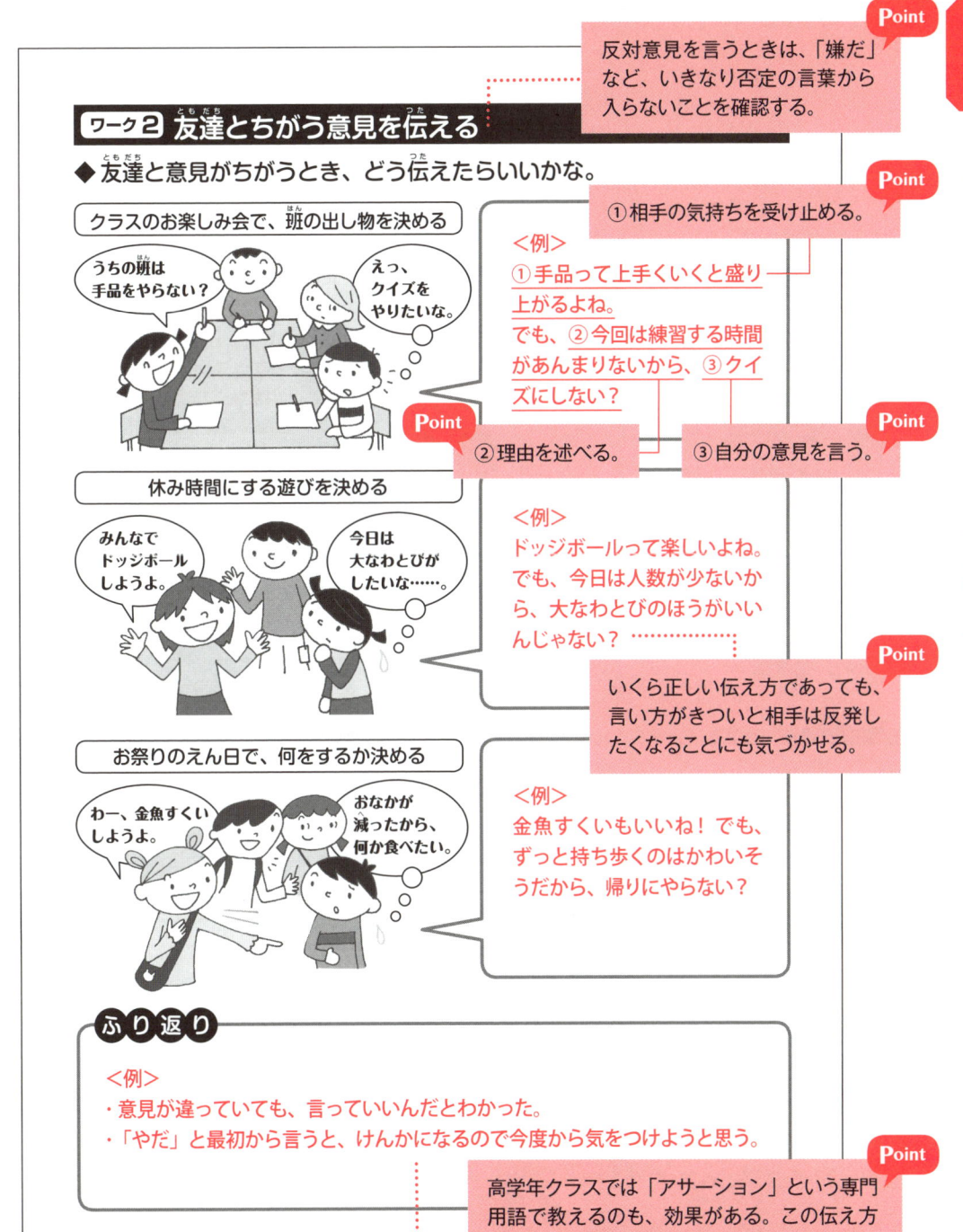

Point 反対意見を言うときは、「嫌だ」など、いきなり否定の言葉から入らないことを確認する。

ワーク2 友達《ともだち》とちがう意見を伝《つた》える

◆友達《ともだち》と意見がちがうとき、どう伝《つた》えたらいいかな。

クラスのお楽しみ会で、班《はん》の出し物を決める

うちの班《はん》は手品をやらない？
えっ、クイズをやりたいな。

<例>
①手品って上手くいくと盛り上がるよね。
でも、②今回は練習する時間があんまりないから、③クイズにしない？

Point ①相手の気持ちを受け止める。

Point ②理由を述べる。

Point ③自分の意見を言う。

休み時間にする遊びを決める

みんなでドッジボールしようよ。
今日は大なわとびがしたいな……。

<例>
ドッジボールって楽しいよね。
でも、今日は人数が少ないから、大なわとびのほうがいいんじゃない？

Point いくら正しい伝え方であっても、言い方がきついと相手は反発したくなることにも気づかせる。

お祭りのえん日で、何をするか決める

わー、金魚すくいしようよ。
おなかが減ったから、何か食べたい。

<例>
金魚すくいもいいね！ でも、ずっと持ち歩くのはかわいそうだから、帰りにやらない？

ふり返り

<例>
・意見が違っていても、言っていいんだとわかった。
・「やだ」と最初から言うと、けんかになるので今度から気をつけようと思う。

Point 高学年クラスでは「アサーション」という専門用語で教えるのも、効果がある。この伝え方は学級会などはもちろん、日常のあそびの予定を決めるときにも役立てたい。

自分の気持ちを伝えるスキル

きちんと謝ろう 基本編

最近、人に謝れないことによるトラブルが増えています。自分の非を認めたくないという子もいますが、実は、自分の言動で相手を怒らせたり、傷つけたりしていることに気がつかずに謝らないという子もいます。どんなときに謝らなくてはいけないのか、そこに気づくことから始めましょう。

授業の進め方

板書の始め方

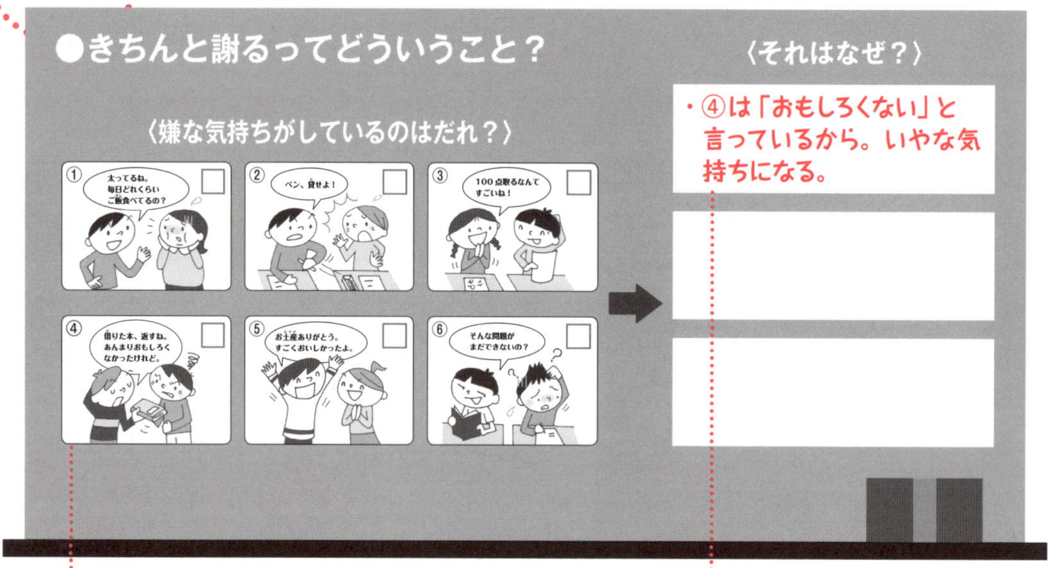
●きちんと謝るってどういうこと？
〈嫌な気持ちがしているのはだれ？〉
①
太ってるね。毎日どれくらいご飯食べてるの？
②
ペン、貸せよ！
③
100点取るなんてすごいね！
④
借りた本、返すね。あんまりおもしろくなかったけれど。
⑤
お土産ありがとう。すごくおいしかったよ。
⑥
そんな問題がまだできないの？
〈それはなぜ？〉
・④は「おもしろくない」と言っているから。いやな気持ちになる。

Point 1 モデリングで、ワーク1の６つの場面のイラストを拡大コピーしてはる。

Point 2 ワーク1に対する子どもの意見を板書する。

ウォーミングアップ（導入） 5分

①「謝るときの言葉には、どんなものがあるだろう？」とたずね、「ごめんね」「ごめんなさい」「すみません」など、いろいろな答えが出るのを待つ。

②「どんなときに、みんなは謝るだろう」「だれでも、間違えたり、失敗してしまうことってあるよね」と言いながら、インストラクションにつなげる。

ごめんね
すみません

1 インストラクション
トレーニングの目的を伝える

5分

- 「人に迷惑をかけたときに、きちんと謝れる人になろう」と、目的を伝える。
- ワークシートを配布する。

ねらい

・何か間違えて迷惑をかけたり、相手を怒らせたりしたときは、その場ですぐに謝ることが必要だと知らせる。

2 モデリング
手本を見せる

10～15分

- ワーク1 のイラストをコピーして黒板にはり、それぞれの場面を教師が演じる。
- 子どもの意見を聞き、確認しながら板書する。子どもはワークシートに○をつける。 板書!

ねらい

・悪気はなくても、相手を怒らせてしまったり、傷つけたりすることがあると気づかせる。

3 リハーサル
子どもが練習・実演する

10～15分

- 自分に非があるときはまず謝り、その後で気持ちを述べることを説明する。

謝り方

1. 最初に、謝りの言葉を伝える。
2. 次に、謝る内容や反省を伝える。

- 説明をもとに、ワーク2 に子どもが記入する。
- 隣の子とペアになり、ワークシートに書いたセリフを声に出し、やり取りする。
- 2～3組のペアに前に出てもらい、やり取りしたことを発表してもらう。

ねらい

・自分がミスしたときは、自分の非を認め、謝ることが大切だと理解させる。

・友達の発表を見て、いろいろな謝り方があることに気づかせる。

4 フィードバック
振り返る

10分

- 今日の学習を振り返り、それぞれ「ふり返り」に記入する。
- 時間があれば、数人に感想を発表してもらう。

ねらい

・一人一人の「気づき」を書かせる。

・授業後は、日常のちょっとしたトラブルが起きたときなどに、その都度このスキルを使って謝れるように促す。

次のページでワークシートの解説をします

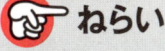

ワークシートの解説

ワーク1 では、自分のひと言が相手を傷つけたり、怒らせたりすることがあるということに気づかせます。ワーク2 では、上手な謝り方があることを知り、練習していきます。

自分の気持ちを伝《つた》えるスキル

きちんと謝《あやま》ろう 基本編《きほんへん》

年	組
名前	

Point 普段から、人が気にしていることや容姿のことは、相手を傷つけるので口にしないよう補足説明する。

ワーク1 相手の気持ちを考えよう

◆友達《ともだち》の言葉で、おこっている子や傷《きず》ついている子はだれだろう？
○をつけよう。

①
太ってるね。
毎日どれくらいご飯《はん》食べてるの？
○

②
ペン、貸《か》せよ！
○

Point 何でも正直に言えばいいわけではないと気づかせる。貸してくれたのにマイナスな感想を言うのはマナー違反であることを理解させる。

③
100点取るなんてすごいね！

④
借《か》りた本、返すね。
あんまりおもしろくなかったけれど。
○

Point 「人から言われたらいやなことってあるよね」と問いかけ、相手も同じ気持ちであることに気づかせる。

⑤
お土産《みやげ》ありがとう。
すごくおいしかったよ。

⑥
そんな問題がまだできないの？
○

Point ワーク1 が終わったところで、自分の言動で迷惑をかけることや、怒らせることもあると確認する。そしてそうなったときは、すぐに謝ることが大切だと伝え、ワーク2 につなげる。

ワークのねらい

このワークでは、間違いや失敗をしてしまったときに、すぐに謝れるようになることを目標にしています。単に「悪いことをしたら、ごめんなさいと言う」と教えるのではなく、なぜ謝らなくてはいけないのかを考えることが重要です。また、今の子どもたちに繰り返し教えたいのは、不用意な言葉で、相手が深く傷つくこともあるということです。謝るというのは、自分の過失を認めるということ。繰り返し「謝るほう」と「謝られるほう」のセリフをやり取りし、謝るスキルを身につけていきましょう。

ワーク2 ミスをしたらすぐに謝《あやま》る

Point
謝るときは、最初に謝りの言葉を伝え、その後で謝る内容や反省を伝えることを説明する。

◆こんなとき、どんなふうに謝《あやま》ればいいだろう？

教室の花びんを割《わ》ってしまったことを、教師《きょうし》に謝《あやま》る。

➡

<例>
①ごめんなさい。
②ボールをぶつけて、割ってしまいました。

Point
①まず、謝る。

Point
②謝る内容を伝える。

ろう下を走っているところを注意され、教師《きょうし》に謝《あやま》る。

➡

<例>
ごめんなさい。授業の前にトイレに行きたかったんです。

友達《ともだち》の持ち物をこわしてしまったことを、友達《ともだち》に謝《あやま》る。

➡

<例>
ごめんなさい。大事なお人形を壊してしまって。お母さんにも伝えるね。

Point
物を壊してしまったときや、子ども同士で解決できないことは、自分で謝るのと同時に、家の人にも報告することを子どもに伝える。

ふり返り

<例>
- どんなときに謝ればいいのかがわかった。
- 間違ったと思ったらすぐに謝ろうと思う。
- 謝ることは、勇気がいることだと思った。

Point
高学年の場合は、謝るときの頭の下げ方や表情についても問いかけ、考えさせたい。

きちんと謝ろう 応用編

自分が間違えたときに謝るときもありますが、やむを得ない事情や原因があったときやマナー違反をしてしまったとき、また、時間がたってから謝るときもあります。少し高度なスキルですが、さまざまな「謝らなくてはいけない場面・状況」について知っておきましょう。

授業の進め方

板書の始め方

●仲直りをしよう

〈この謝り方を、不満に思っている子はだれだろう？〉

バスがおくれて、10分ち刻《こく》した。
待たせてごめんね！

グループ発表で
担当《たんとう》するところを調べていない。
悪いけどその日は
休んでいたから、
そのことは聞いてないよ。

後ろ向きに歩いていて、人にぶつかった。
気がつかなかったんだから、
仕方ないだろう！
どん！
いたい！

友達《ともだち》の足に水をかけてしまった。
ごめんね。だいじょうぶ？
つめたい！

〈それはなぜ？〉	〈それはなぜ？〉	〈それはなぜ？〉	〈それはなぜ？〉
不満ではない	不満		
言い訳をしないで、謝ったから			

Point 1　モデリングで、ワーク1の4つの場面のイラストを拡大コピーしてはる。

Point 2　相手が不満に感じるかどうかをたずね、できればその理由も板書する。

ウォーミングアップ（導入）　5分

①「友達の足を間違えて踏んでしまったり、駅で人にぶつかったりしたとき、みんなはどうしている？」と聞く。

②「謝る」「考えたことがない」などいくつか答えが出てきたら、「わざとではないけれど、人に迷惑をかけてしまうときもあるよね。それから、後から『悪かったな』って気づくこともあるよね。そういうときはどうするのがいいんだろう？」と、インストラクションにつなげる。

あのときは
ごめんね…

1 インストラクション
トレーニングの目的を伝える

5分

- 「やむを得なかったとき、悪気はなかったけれど人に迷惑をかけたとき、後で悪いなと気がついたとき、そんなときでもきちんと謝れる人になろう」と、目的を伝える。
- ワークシートを配布する。

ねらい

・そのときは「自分は悪くない」と思っていても、後で「悪かった」と気づいたら謝ることが大事だと理解させる。

2 モデリング
手本を見せる

10～15分

- ワーク1 のイラストをコピーして黒板にはり、4つの謝り方を教師が演じる。
- 子どもに感想を聞き、確認しながら板書する。子どもはワークシートに記入する。 板書!
- どんなときに謝ればよいと思ったか、数人に発表してもらってもよい。

ねらい

・教師の対応を見ることで、「いやな気持ちがする」「許したくなる」など、受け取り方の違いを感じさせる。

3 リハーサル
子どもが練習・実演する

10～15分

- ワーク2 に子どもが記入する。1問目だけは、全員で考えてもよい。
- 隣の子とペアになり、それぞれが書いたセリフを、声に出してやり取りする。
- 2～3組のペアに前に出てもらい、やり取りしたことを発表してもらう。

ねらい

・「ごめんね」だけではなく、相手が納得する理由や反省を加えることを伝える。
・友達の発表を見て、さまざまな謝り方、謝るときの言葉があることに気づかせる。

4 フィードバック
振り返る

10分

- 今日の学習を振り返り、それぞれ「ふり返り」に記入する。
- 時間があれば、数人に感想を発表してもらう。
- 授業の後、日常の中でよい「謝り方」が出てきたら、リストにして掲示してもよい。

ねらい

・一人一人の「気づき」を書かせる。
・授業後は、悪気はなくても、人に迷惑をかけたりした子には、まずは「謝る」ということを確認する。そして、その都度、このスキルを使った謝り方を考えさせる。

次のページでワークシートの解説をします

ワークシートの解説

ワーク1では、原因がやむを得なかった場合や、わざとでない場合など、さまざまな「謝る必要のある場面」について考えます。ワーク2では、実際に謝り方を考えます。

Point ○で囲った表情に注目し、相手がどのような気持ちか考えさせる。

自分の気持ちを伝《つた》えるスキル

きちんと謝《あやま》ろう 応用編《おうようへん》

年　組　番

名前

Point 自分が悪くない場合でも、事情を伝えた後で謝ることが大切だと伝える。

ワーク1 悪気がなくてもちゃんと謝《あやま》ろう

◆次の中で、相手をおこらせたり、いやな思いにさせているのはどれかな。○をつけよう。

バスがおくれて、10分ち刻《こく》した。

待たせてごめんね！

[ ]

Point このとき「バスが遅れたから仕方ないでしょ！」などと言ったら、相手がどんな気持ちになるのか考える。

グループ発表で
担当《たんとう》するところを調べていない。

悪いけどその日は
休んでいたから、
そのことは聞いてないよ。

[○]

後ろ向きに歩いていて、人にぶつかった。

気がつかなかったんだから、
仕方ないだろう！
どん！
いたい!!

[○]

友達《ともだち》の足に水をかけてしまった。

ごめんね。だいじょうぶ？
つめたい！

[ ]

Point わざとではなくても、体やかばんが当たったときは謝るのがマナー。悪いと思わない態度ではけんかになることにも気づかせたい。

Point わざとではなくても、相手に嫌な思いをさせたときは謝る、ということを確認する。

ワークのねらい

日常の中で、謝る必要のある場面はさまざまです。ここでは、その中でも特に難しい、「原因がやむを得なかった場面」や「自分だけが悪いという状況ではないとき」、そして、「時間がたってしまってから謝る場合」などについて考えます。実際の場面では、なかなか謝るのは難しいものですが、こうして謝る練習をしておくと、謝ることの大切さを実感するでしょう。また、それがどれだけ勇気のいることかがわかるので、自分が謝られる立場になったときに、相手を受け入れやすくなります。

ワーク2 時間がたってからの謝《あやま》り方

Point 相手を責めない、相手のせいにしない、が謝罪の基本。自分のどこが悪かったのか反省し、これからはしない、と約束すれば、怒っている相手も受け入れやすいと気づかせる。

◆こんなとき、どんなふうに謝《あやま》ればいいかな？

約束《やくそく》を忘《わす》れて、友達《ともだち》を待たせてしまったとき

こないなぁ。学校に
10時って言ったのに。

<例>
①ごめんね。②メモをしておかなかったから。③今度からこんなことのないようにするよ。

Point ①まず謝る。

Point ②状況を説明する。

Point ③改善点などを伝える。

友達《ともだち》に借《か》りていたゲームソフトを、なくしてしまった

ない!
ない!!

<例>
ごめんなさい。探しているのだけれど、見つからないの。お母さんにも探してもらっているから、待ってて。

Point 自分だけで解決するのが難しいときは、家の人に伝えて助けてもらう謝り方があることを教える。

頭にきてきついことを言ったが、後で言いすぎたと気づいたとき

<例>
さっきはカッとして言いすぎちゃった。本当にごめんね。

Point 時間がたっていても謝ることで、関係が修復される、または、許してもらえることに気づかせる。仲直りができたら「仲直りできてよかった」とひと言伝えることもアドバイスする。

ふり返り

<例>
- 自分が相手を困らせていると気づくことが大事だと思った。
- 後で悪いと気づいたら、自分から謝る。
- 謝るときには言い訳をしないようにしたい。

困っている人を助けよう

困っている人に声をかけるなど、小さいころは教えられた通りにできていた親切な行いが、恥ずかしくなることがあります。また、最近は、周りの人への関心が薄く、人が困っていることに気づかないといったことも。困っている人に気づき、さっと手を差し延べられる人になるスキルを学びます。

授業の進め方

板書の始め方

●人助けできる人になろう

〈どんなことに困っているのかな？〉

・座れなくてつらそう。

Point 1 モデリングで、ワーク1の6つの場面のイラストを、拡大コピーしてはる。

Point 2 ワーク1に対する子どもの意見を板書する。

ウォーミングアップ（導入）

5分

① 「今まで、みんなは困っている人に手を貸したことはある？ 小学生でも、困っている人にしてあげられることって、どんなことがあるだろう？」とたずねる。

② いろいろな答えが返ってきたら、「困っている人に声をかけるのはいいことだとわかっているのに、声が出なかったり、体が動かなかったりすることがあるよね」などと、インストラクションにつなげる。

どうしたの？
下級生に声をかけた！

1 インストラクション
トレーニングの目的を伝える

5分

- 「困っている人に気づいて、自分から声をかけられる人になろう」と、目的を伝える。
- ワークシートを配布する。

ねらい

・人を助けるには、まずその人が困っていると気づくことが大事だと知らせる。

2 モデリング
手本を見せる

10～15分

- ワーク1 のイラストをコピーして黒板にはり、6つの場面を教師が演じる。
- 子どもに意見を聞き、確認しながら板書する。子どもはワークシートに記入する。板書!
- 困っている人を見たときにどんな気持ちがするか質問し、数人に発表してもらってもよい。

ねらい

・相手のどこを見たら「困っている」と気づけるのか、イラストを見ながら考える。

・困っている人の状況に合わせた、適切な声のかけ方を学ぶ。

3 リハーサル
子どもが練習・実演する

10～15分

- ワーク1 を受け、自分に何ができるかを考えて、ワーク2 に子どもが答えを記入する。1問目だけは、全員で考えてもよい。
- 隣の子とペアになり、書いたセリフを声に出してやり取りする。
- 2～3組のペアに前に出てもらい、やり取りしたことを発表してもらう。

ねらい

・声をかけるときの恥ずかしさや緊張感を感じる。同時に、声をかけられたときのうれしさなどを実感させる。

・友達の発表を見て、いろいろな声のかけ方があることに気づく。

4 フィードバック
振り返る

10分

- 今日の学習を振り返り、それぞれ「ふり返り」に記入する。
- 時間があれば、数人に感想を発表してもらう。

ねらい

・一人一人の「気づき」を書かせる。

・授業後も、恥ずかしがらずに「人助け」をしようと全員で確認し、今日の学習が学校でも学校の外でも生かされるよう促す。

次のページでワークシートの解説をします

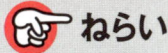

ワークシートの解説

ワーク1 では、相手の表情などに注目し、困っていることを推測します。ワーク2 では、困っている人に気づいたときの声かけを実際に考えていきます。

Point

◌で困った表情やしぐさから、その人が何に困っていて、どんな気持ちなのかを考えさせる。

Point

「どうしたの」など声をかけてもよいが、対応に困ったときは、警察官や駅員など周りの大人に知らせる方法もあることを教える。

自分の気持ちを伝《つた》えるスキル

困《こま》っている人を助けよう

年

名前

ワーク1 困《こま》っている人に気づく

◆この人は、どんなことに困《こま》っているのかな。

困《こま》っていること
<例> 立っているおじいさんが、体が痛くて困っている。

困《こま》っていること
<例> 迷子になっている。

困《こま》っていること
<例> 勉強がわからなくて困っている。

困《こま》っていること
<例> 消しゴムを忘れて困っている。

困《こま》っていること
<例> かさがなくて困っている。

困《こま》っていること
<例> 一人でポスターをはれなくて困っている。

Point

ワーク1 を通して、「キョロキョロしている」「泣いている」「ため息をついている」「慌てている」などの様子が見られたら、その人が困っているサインかもしれないことに気づかせる。

ワークのねらい

困っている人に声をかけるというのは、慣れていないと、大人でも勇気のいる行動です。声をかけることはすぐにできなくても、困っている人に気づくスキルは習得しておきたいものです。休み時間や登下校の際に、困っている下級生に声をかけることから始めてもよいでしょう。また、ワーク2で声かけのやり取りをするときは、「もし、断られてしまったら」「その場になって、やっぱり勇気が出なかったときは」など、子どもたちが遭遇しそうな状況についても意見を出し、やり取りを練習しておくとよいでしょう。

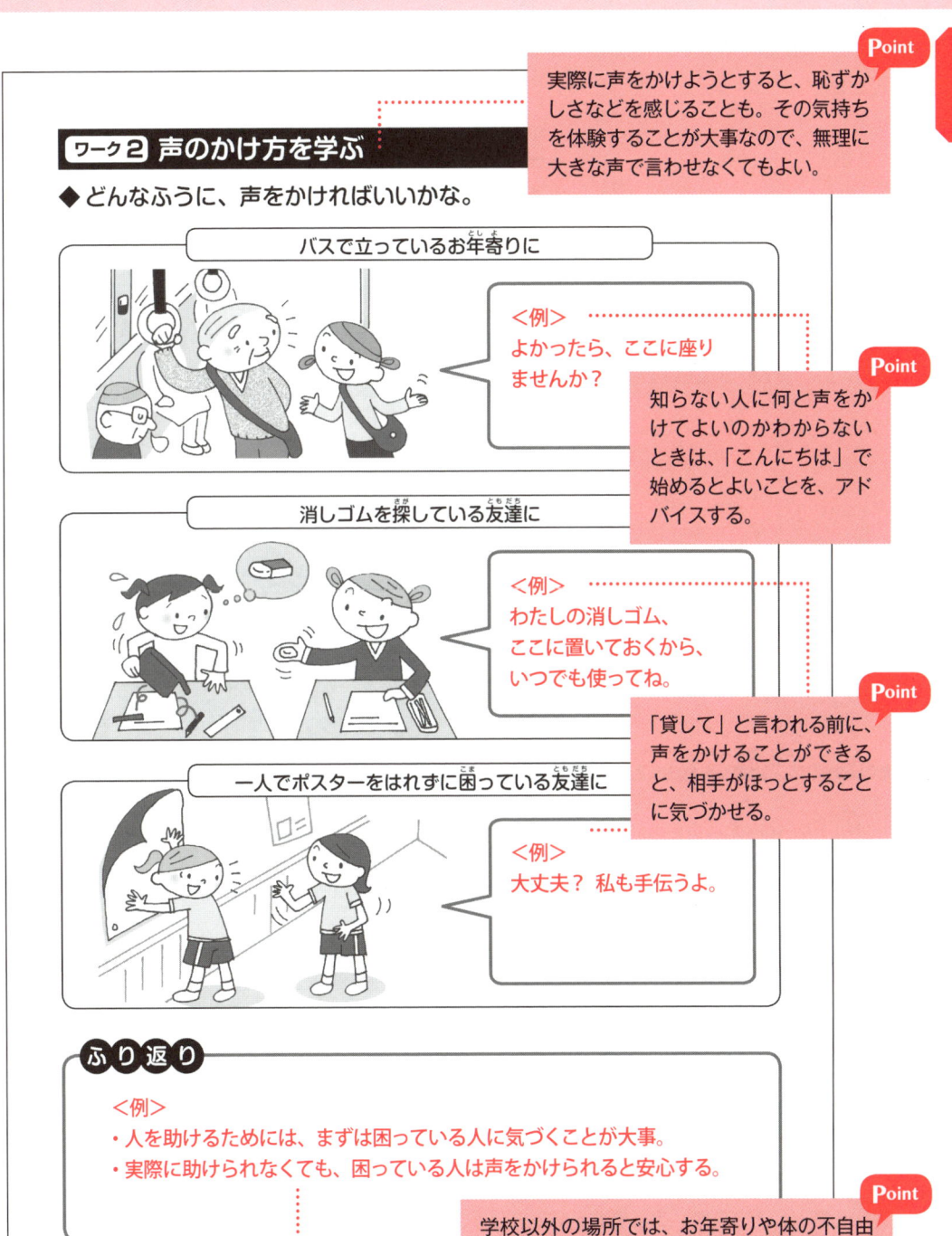

ワーク2　声のかけ方を学ぶ

Point　実際に声をかけようとすると、恥ずかしさなどを感じることも。その気持ちを体験することが大事なので、無理に大きな声で言わせなくてもよい。

◆どんなふうに、声をかければいいかな。

バスで立っているお年《とし》寄《よ》りに

＜例＞
よかったら、ここに座りませんか？

Point　知らない人に何と声をかけてよいのかわからないときは、「こんにちは」で始めるとよいことを、アドバイスする。

消しゴムを探《さが》している友達《ともだち》に

＜例＞
わたしの消しゴム、
ここに置いておくから、
いつでも使ってね。

Point　「貸して」と言われる前に、声をかけることができると、相手がほっとすることに気づかせる。

一人でポスターをはれずに困《こま》っている友達《ともだち》に

＜例＞
大丈夫？　私も手伝うよ。

ふり返り

＜例＞
・人を助けるためには、まずは困っている人に気づくことが大事。
・実際に助けられなくても、困っている人は声をかけられると安心する。

Point　学校以外の場所では、お年寄りや体の不自由な人以外の大人には、子どもだけで声かけしないことを約束する。自分たちで対応できないときは、ほかの大人に伝える方法も教える。

自分の気持ちを伝えるスキル

上手に頼みごとをしよう

毎日の生活の中では、人の力を借りたり、お願いしたりしなくてはならないこともたくさんあります。でも頼み方がわからずに我慢する、または、命令口調で頼んでけんかになることも。ここではどのようにしたら、気持ちよく手伝ってもらえるのか、「上手なお願いの仕方」について考えます。

授業の進め方

板書の始め方

● 「お願い」って言えるかな？

〈自分だったら、どうするかな〉

どうしよう。絶対《ぜったい》一人じゃ運べないよ。困《こま》ったな。
時間かかるし、大変《たいへん》だけど、一人でやるしかないな……。
そうだ、忘《わす》れたふりして、運ぶのやめよう。
あそこでおしゃべりしてる子たちに手伝《てつだ》ってもらおう！

〈どうして思ったのかな？〉

・自分から人に頼んでいるから。

Point 1 モデリングで、ワーク1の４つの場面のイラストを拡大コピーしてはる。

Point 2 ワーク1に対する子どもの意見や理由を板書する。

ウォーミングアップ（導入）

5分

① 「みんなは今までに教科書を忘れてしまったことがある？そんなときはどうしているのかな？」と質問する。

② 「先生に言う」「友達に見せてって言う」などさまざまな答えが出たところで、「だれでもピンチなときや、手伝ってほしいときってあるよね。そんなとき、だれかに上手にお願いできるといいよね。そこで今日は……」と、インストラクションにつなげていく。

これ貸してくれる?

1 インストラクション
トレーニングの目的を伝える

5分

- 「ピンチのときや困ったとき、頼みごとがあるに、上手にお願いして、友達の力を借りよう」という、目的を伝える。
- ワークシートを配布する。

ねらい

・日常の中で「困った」と思うことや、友達に「こうしてほしい」と思う状況がたくさんあることに気づかせる。

2 モデリング
手本を見せる

10～15分

- ワーク1 の右側の４つのイラストを、コピーして黒板にはる。４つの場面を教師が演じる。
- 子どもに意見を聞き、確認しながら板書する。子どもは、ワークシートに○をつける。 板書!
- ワーク1 の２問目を全員で考え、ワークシートに記入する。数人に答えを発表してもらってもよい。

ねらい

・一人で抱えると、結局できないことがあり、手伝ってもらうことが大切だと気づく。

・我慢せずお願いするのはよい方法であり、上手に頼む必要があることに気づかせる。

3 リハーサル
子どもが練習・実演する

10～15分

- ワーク2 の１問目。子どもはワークシートに○をつける。教師が演じて見せてもよい。
- ワーク2 の２問目。隣の子とペアになり、それぞれが書いたセリフをやり取りする。
- 2～3組のペアに前に出てもらい、やり取りしたことを発表してもらう。

ねらい

・人にものを頼むときの言葉遣いや態度、目線などについて学ぶ。

・友達の発表を見て、感じのよい頼み方があることに気づく。

・ていねいに頼んでも、断られることもあると理解させる。

4 フィードバック
振り返る

10分

- 今日の学習を振り返り、それぞれ「ふり返り」に記入する。
- 時間があれば、数名に感想を発表してもらう。

ねらい

・一人一人の「気づき」を書かせる。

・授業後、本当に困ったことが起きたときに、ためらわず助けを求められるよう促し、定着させる。

次のページでワークシートの解説をします

ワークシートの解説

ワーク1では、上手な頼み方を知らないと、トラブルになることや、解決できないことがあると気づかせます。ワーク2は実際のお願いの仕方を考えていきます。

自分の気持ちを伝《つた》えるスキル

上手にたのみごとをしよう

年

名前

Point

人が声をかけてくれるのを待っているだけでは解決しないこと、自分から「手伝って」と言う勇気をもつことも大事だと気づかせる。

ワーク1 一人でできないときは？

◆先生から、教材《きょうざい》の入った重い箱を教室に運ぶようたのまれたよ。
一人では運べないときは、どうしたらいいのかな？

これ、次の時間までに教室に運んでおいてくれる？
はい。
どうしよう。絶対《ぜったい》一人じゃ運べないよ。困《こま》ったな。
時間かかるし、大変《たいへん》だけど、一人でやるしかないな……。
そうだ、忘《わす》れたふりして、運ぶのやめよう。
○
あそこでおしゃべりしてる子たちに手伝《てつだ》ってもらおう！

Point

がんばるのはよいことだが、最後まで一人でできるか考えることも重要だと伝える。

Point

手伝ってくれそうな人に声をかける方法があると気づかせる。

◆選《えら》んだ理由を考えてみよう

<例>
- 自分から、手伝ってもらおうとしている。
- 手伝ってくれそうな人を見つけて、頼もうとしている。

216

ワークのねらい

普段から周りの人に「手伝って」「助けて」と言えるようになっていると、本当に困ったときに、すぐに助けを求めることができます。また、自分が頼まれたときに、できる範囲のことであれば、気持ちよく手伝うこともできるでしょう。「自分ならどんなふうに頼まれたい?」と問いかけ、相手が協力したくなるような声かけを考えていくようにします。また、頼めばいつでも応じてもらえるわけではなく、相手にも事情があり、断られることもある、ということも教えていきましょう。

Point
「おい」は、お願いではなく命令。よく使われる「ちょっと見せて」も、自分の気持ちを押しつける印象があり、きちんとしたお願いではないことを伝える。

ワーク2 お願いしてみよう

◆となりの子が持ってきた新しい筆箱を見せてもらいたいとき、どうたのんだらいいかな？ 上手なたのみ方に○をつけよう。

・・・
チラッ
おい、見せろよ！
新しいの買ったんだね。よかったら見せてもらえる？
○
ちょっと見せて～。

Point
友達でもていねいな言葉で頼まれるほうが、「頼みをきこう」という気持ちになることを確認する。

◆友達《ともだち》の新しい自転車を借《か》りたいと思っているとき、どんなたのみ方をしたらいいだろう？

＜たのみ方＞
＜例＞
・かっこいい自転車だね。もしよかったら、ちょっと乗らせてくれない？
・新しい自転車だね。ぼくも乗ってみたいな。ちょっと乗ってもいいかな？

＜断《ことわ》られたときは……＞
＜例＞
・そうだよね、まだ新品だもんね。
・わかった。また今度乗らせて。

Point
お願いは、断られることもあると理解したうえで頼むことが大事。このときにキレたり、「何でダメなんだよ！」などと言うと、けんかになることを伝える。

ふり返り

＜例＞
・一人でがんばってできないときは、人にお願いすればよいとわかった。

Point
「お願いする役」と「頼まれる役」を交互に演じることで、頼まれ方によって気持ちよく協力できるということに気づかせたい。

感情をコントロールするスキル

実践編

人は毎日、さまざまな感情を感じています。喜びも怒りも、すべて大切な感情です。しかし、今、自分の感情がわからない、爆発するまでためてしまうといった子どもが増えています。ここでは、自分の気持ちを上手に表現するスキルを学びます。

▶▶この分野ではぐくみたい「ねらい」

この分野ではぐくみたいのは、自分の怒りやいらいらした感情を、適切に我慢し、「キレる」以外の方法で表現できる力です。ささいなことでキレる子は、普段から小さないらいらをためていることが多いです。一方、今までおとなしかった子がキレるときは、たまりにたまっていた怒りが爆発するため、教師や親が手をつけられないほど暴れることもあります。どちらも、「何だかいやな気持ちがする」「ちょっとムッとする」といった最初の小さな怒りを上手に処理できないために起こると考えてよいでしょう。

怒りは、だれもが感じる感情で、決して悪い

取り上げるスキル	内容
□ 自分の感情や気持ちに気づこう	●気持ちと体の変化を知る ●自分の感情を感じる
□ 感情をがまんできる人になろう	●気持ちを想像する ●友達に「がまん」のアドバイス
□ いやな気持ちを切りかえよう	●自分の考え方のくせを知る ●「気持ちチェンジ」名人になる
□「気持ち」を言葉で伝えよう	●伝え方を選ぶ ●上手に気持ちを伝える
□ くやしさをエネルギーに変えよう	●くやしさの受け止め方を考える ●くやしい気持ちをチェンジする
チャレンジ □ 自分を好きになろう	●自分のいいところを認める ●友達のいいところを認める
チャレンジ □ 計画を立て目標を達成しよう	●達成できる計画を立てよう ●一週間の計画を立てる

ものではありません。それを、人にぶつけてしまうことが問題なのです。気持ちをためこまず、早めに「何だか少しいらいらする」と感じることができれば、その時点で発散できます。今、キレる子がいないクラスでも、スキルを知ることで、抑制する効果があります。

▶▶こんな活用の仕方がおすすめ!

　クラスにキレやすい子がいるような場合、最初に「感情をがまんできる人になろう」を実践したくなるかもしれません。しかし、キレる子どもたちは、普段から感情をあまり感じられていないことが多いのです。感情を抑圧しすぎて感じ方が鈍くなっていることもありますし、自分自身にそれほど関心がなく、今どんな気持ちなのかわからないというケースもあります。そこで、**「自分の感情や気持ちに気づこう」のトレーニングからスタートし、自分への理解を深めさせることをおすすめします。**自分の感情に気づかないと、それを言葉に置きかえ伝えることも、プラスの気持ちに切りかえることも難しいのです。

「くやしさをエネルギーに変えよう」というトレーニングは少し高度ですが、小学生で知っておきたいものの一つです。くやしいという気持ちは、大きなエネルギーをもっています。これを、前に進む力に変えるスキルを身につけられると、子どもたちの行動が変わっていきます。

ねらい

・強い感情を感じたときの、自分の体の変化について知る
・相手の感情をぶつけられたとき、どんな気持ちになるか想像する

・感情を爆発させたときの、周りの反応や感じ方を知る
・自分なりの、怒りの抑え方について考える

・怒りやすい、自分を責める、前向きに考える、などのくせを知る
・嫌な気持ち、悲しい気持ちを、前向きに変える練習をする

・怒りの「伝え方」によって、相手の受け取り方が違うことを知る
・「嫌だ」と思うことを、上手に相手に伝える

・くやしさの受け止め方によって、次の行動が変わることを知る
・くやしい気持ちを、ポジティブに変える練習をする

・自分で自分の魅力や長所を知り、認める
・友達の魅力に気づき、認める

・達成できる目標の立て方を知る
・一週間でできる目標を立て、実行する

感情をコントロールするスキル

自分の感情や気持ちに気づこう

負の感情のほとんどを「うざい」「むかつく」といった言葉で単純化してしまう子どもたち。なぜうざいのか、なぜむかつくのかを掘り下げれば、怒りや悲しみ、恐れなど、多様な感情があることに気づきます。自分の感情に気づき、それを言葉と結びつけるのは、人の気持ちを理解するための第一歩です。

授業の進め方

板書の始め方

●「気持ち」を感じてみよう。気持ちと体の関係は……？
〈怒っているとき〉
〈悲しいとき〉
〈楽しいとき〉
〈くやしいとき〉
・カッと熱くなる。
・まゆ毛が上がる

Point 1 モデリングで、ワーク1のイラストを拡大コピーしてはる。

Point 2 ワーク1に対する子どもの意見を板書する。

ウォーミングアップ（導入）

5分

① 「だれにでも『気持ち』があるよね。例えば、どんな気持ちがあるだろう？」と質問する。

② 子どもたちからうれしい、悲しいなどさまざまな気持ちをあらわす言葉が挙げられたところで、「随分いろいろな『気持ち』があるね。では、私たちは、目には見えない気持ちをどうすれば知ることができるのかな？」と、インストラクションにつなげる。

1 インストラクション トレーニングの目的を伝える

5分

- 「目には見えない、自分の『気持ち』に気づけるようになろう」と、目的を伝える。
- ワークシートを配布する。

ねらい

・自分の「気持ち」を知る手段があることを伝える。

・自分の気持ちを知ることができて初めて、人の気持ちを想像したり理解したりすることができると理解させる。

2 モデリング 手本を見せる

10～15分

- 黒板に ワーク1 のイラストをコピーしてはる。
- 子どもに ワーク1 の質問し、出てきた意見を確認しながら板書する。子どもは、ワークシートに記入する。答えが出ないときは、教師が1つ回答例を示してもよい。板書!

ねらい

・感情を感じると、体に変化が起こることを理解させる。

3 リハーサル 子どもが練習・実演する

10～15分

- ワーク2 に、子どもが記入する。わかりにくいときは、教師と子どもがペアになり、「ドッジボール大会でミスをして、友達に責められた場面」を演じて見せるとよい。
- 隣の子とペアになり、役を演じる。そして、改めて自分の気持ちを確認する。
- 2～3組のペアに前に出てもらい、演じてもらう。

ねらい

・2つの状況を想定し、その時に自分がどんな気持ちがするか、想像させる。

・自分の感情や気持ちを感じることを経験させる。

4 フィードバック 振り返る

10分

- 今日の学習を振り返り、それぞれ「ふり返り」に記入する。
- 時間があれば、数人に感想を発表してもらう。

ねらい

・一人一人の「気づき」を書かせる。

・授業後にいらいらしている子を見かけたときは、「今、体はどんな感じがするかな」など問いかけ、怒りをキャッチできるように促す。

次のページでワークシートの解説をします

ワークシートの解説

ワーク1 では、気持ちや感情と体の変化の関係について考えます。ワーク2 では、相手に感情をぶつけられたときの、自分の気持ちをイメージします。

Point
だんだん怒りが強くなる、急に悲しくなるというときに、体にはその人なりの変化が起こる。「先生は怒っているときは、心臓がバクバクするな」など、例を挙げてもよい。

感情《かんじょう》をコントロールするスキル

自分の感情《かんじょう》や気持ちに気づこう

年

名前

ワーク 1 気持ちと体の変化《へんか》を知る

◆次の気持ちになるとき、体はどうなるかな？

おこっているとき

- 顔は…… <例> まゆ毛や目がつり上がる。カッと熱くなる。
- 胸《むね》は…… <例> ドキドキする。
- 体は……… <例> 力が入ってかたくなる。
- その他 <例> いらいらする。

悲しいとき

- 顔は…… <例> まゆ毛が下がる。涙が出る。
- 胸《むね》は…… <例> 苦しくなる。
- 体は…… <例> 肩がひくひくする。
- その他 <例> 顔を上げたくない。

楽しいとき

- 顔は…… <例> 口の両はじ（口角）が上がる。
- 胸《むね》は…… <例> やさしい気持ちになる。
- 体は…… <例> 力が抜けて軽い感じ。
- その他 <例> 飛びはねたくなる。鼻歌をうたいたくなる。

くやしいとき

- 顔は…… <例> 歯をくいしばる。
- 胸《むね》は…… <例> ドキドキする。
- 体は…… <例> かたまる。
- その他 <例> 体が熱くなる。

Point
感情が高まったときに、体に起こるさまざまな変化に、自分で気がつくようにする。

ワークのねらい

感情をコントロールするには、まず、「今、いらいらしている」「何だか気持ちが爆発しそう」など、自分で自分の気持ちに気づくことが大切です。しかし、普段から感情を抑えている子は、気づけないことも少なくありません。そこで ワーク1 では、気持ちと体の関係について考えます。ワーク2 では、相手に感情をぶつけられたときの自分の気持ちを想像し、「感じる」練習をします。自分がされたときの気持ちを想像することで、相手にこういう気持ちをさせないようにしようという、気づきにもつながります。

Point 友達に強い言葉で責められたら、どんな気持ちになるのか考える。感じ方はそれぞれなので、解答はその子によって違ってよしとする。

ワーク2 自分の感情《かんじょう》を感じる

◆こんなふうに言われたら、どんな気持ちになるだろう。

ドッジボール大会でミスをして、友達《ともだち》に責《せ》められた

おまえのせいで
負けたんだぞ。
……。

強く責《せ》められると
どんな気持ちになるだろう？

＜例＞
・みじめな気持ちになる。
・くやしい。・悲しい。

→

2人はこの後、
どうなってしまったかな。

＜例＞
・言い返す。
・けんかになる。

Point マイナスの気持ちをそのままぶつけられると、けんかやトラブルが起こりやすいことにも気づかせる。

上手にかけた絵を破《やぶ》かれたのに、謝《あやま》ってもらえなかった

あっ、
私《わたし》のせいじゃ
ないもん!!
あっ……！

謝《あやま》ってもらえないとき、
どんな気持ちになるだろう？

＜例＞
・頭にくる。悲しい。
・もとに戻してほしい！と思う。

→

2人はこの後、
どうなってしまったかな。

＜例＞
・けんかになる。
・口をきかなくなる。

Point 謝ってもらえないことに対して、怒りを感じる子もいれば、悲しく感じる子もいる。「自分の気持ち（感情）に気づく」ことを、教師は大切にする。

ふり返り

＜例＞
・いらいらすると、顔が熱くなるとわかった。
・自分の気持ちを知り、コントロールできればトラブルを避けることができるとわかった。

Point ワーク2 では、それぞれの役を演じるロールプレイが特に効果的。自分の気持ちを確認すると同時に、視点を変えることで、それまで気づかなかった相手の気持ちが見えてくる。

感情をコントロールするスキル

感情を我慢できる人になろう

ちょっとしたことですぐ怒る、泣く、キレるといった子が増えています。これらの感情をコントロールするには、練習が必要です。もし、自分が感情を爆発させてしまったとしたら、周りの人はどんな気持ちになるか考えることで、激しい感情を抑える必要性に気づくように促しましょう。

授業の進め方

板書の始め方

●我慢できる、かっこいい人になろう

〈こんな子を見ると、どう感じるかな？〉

ささいなことでキレる子
今日のテスト、できた？
うるさいな、あっち行けよ！

ちょっとしたことで泣く子
早くしろよ～。
……。

真けんな場面で笑《わら》い出す子
えんぴつはふり回さないこと！
プッ

〈こんな気持ち〉
・怖いと思う。
・近寄りたくないなと思う。

Point 1 モデリングで、ワーク1のイラストを拡大コピーしてはる。

Point 2 ワーク1に対する子どもの意見を板書する。

ウォーミングアップ（導入）　5分

①「みんなは、我慢できないほど、頭にきたことはある？」と質問する。

②いくつか意見が出た後で、「赤ちゃんは、おなかが減ったら泣くし、小さい子は、欲しい物を買ってもらえないときに、暴れたりするよね。でも、今のみんながそんなふうに、いつでもどこででも気持ちを爆発させたら、周りの人はどう思うだろう」と、インストラクションにつなげる。

くっそ～！
がまん
がまん

1 インストラクション トレーニングの目的を伝える

5分

- 「感情を爆発させずに、上手にコントロールできる人になろう」と、目的を伝える。
- ワークシートを配布する。

ねらい

・集団の中では、我慢が必要な場面があることを伝える。

2 モデリング 手本を見せる

10～15分

- ワーク1 のイラストをコピーしてはる。3パターンを教師が演じる。
- 子どもに意見を聞き、確認しながら板書する。子どもはワークシートに記入する。板書!
- ワーク2 に入る前に、自分だったらどうするか子どもにたずねてもよい。

ねらい

・気持ちを爆発させると、周りにいる人がどう感じるのか、全員に考えさせる。

・自分だったらどう感じるか、想像させる。

3 リハーサル 子どもが練習・実演する

10～15分

- ワーク2 に子どもが記入する。
- 隣の子とペアになり、考えた「感情コントロール」の方法をやり取りする。
- 2～3組のペアに前に出てもらい、やり取りしたことを発表してもらう。

ねらい

・感情をコントロールする方法を自分たちで考える。

・友達の発表を聞いたり、教師の提案を聞いたりして、さまざまな「感情をコントロールする方法がある」と知る。

4 フィードバック 振り返る

10分

- 今日の学習を振り返り、それぞれ「ふり返り」に記入する。
- 時間があれば、数人に感想を発表してもらう。

ねらい

・他人を意識して、自分の感情をコントロールすることの意味を理解させながら、一人一人の「気づき」を書かせる。

・授業後は、今日の練習が日常の生活に生かされるよう、普段から促していく。

次のページでワークシートの解説をします

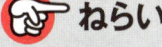

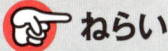

ワークシートの解説

ワーク1 では、適切な我慢ができないと、周囲に迷惑をかけたり、避けられてしまったりすることがあると理解します。ワーク2 では、具体的な我慢の方法を考え、学びます。

Point
クラスの中に、下の例に当てはまるような子がいる場合は、その子に批判が集まらないよう、「わざと怒ったり、心が弱くて泣いたりするわけではないんだね」など、教師が配慮する。

感情《かんじょう》をコントロールするスキル

感情《かんじょう》をがまんできる人になろう

名前

ワーク1 気持ちを想像《そうぞう》する

◆こんなふうに気持ちをばく発している子を見ると、どう感じるかな？

ささいなことでキレる子

今日のテスト、できた？
うるさいな、あっち行けよ！

それを見て、どう思う？

<例>
・なんで怒るのだろう……と、怖くなる。
・近寄りたくないなと思う。

Point
「キレやすい子」がクラスで多いときは、この場面以外の事例も考え、教師が演じて見せる。そして、「キレる」ことについて、じっくり考えさせるとよい。

ちょっとしたことで泣《な》く子

早くしろよ～。
……。

それを見て、どう思う？

<例>
・自分が何か悪いことをしたかなと心配になる。
・一緒に遊びたくないなと感じる。

Point
このようにすぐ泣く子は、心が弱いのではなく、不安や悲しみを言葉で伝えることに慣れていないのだと、教師は理解しておく。

真けんな場面で笑《わら》い出す子

えんぴつはふり回さないこと！
プッ

それを見て、どう思う？

<例>
・ちょっと変だな、と思う。
・心配になる。
・ばかにしているみたいに感じて、はらが立つ。

Point
ワーク1 が終わったら、この３つの場面のように相手に言われたとしたら、自分ならどう感情を（出さないように）我慢するか、子どもたちにたずねると、ワーク2 へつながりやすい。

ワークのねらい

感情を爆発させてしまう子は、単にわがままなのではなく、感情をコントロールする必要性に気づいていなかったり、やり方を知らなかったりすることが多いのです。このトレーニングでは、我慢する必要性を知り、感情は自分でコントロールできるということを学びます。感情を出すことは、決して悪いことではありません。ただ、それを相手にぶつけてしまうことが問題なのです。「先生だって怒りを感じるよ。でもそれを、みんなにぶつけてはいけないよね」というように説明するとわかりやすいでしょう。

Point
意見が出ないときは、「先生は、胸に手を当てて、鎮まれーと唱えるよ」など例を挙げると、発言が出やすくなる。

ワーク2 友達《ともだち》に「がまん」のアドバイス

◆気持ちをばく発させてしまう友達《ともだち》に、どんなアドバイスをする？

いつもささいなことですぐおこり出すAさん。つな引きの練習で前の子に足をふまれて、激《はげ》しくおこり、相手を泣《な》かせてしまいました。いつも、後になって反省《はんせい》しています。

アドバイス

<例>
- カッとなったら、深呼吸するといいらしいよ。
- ぼくはイラッとしたときは、手をグーにして、10数えるよ。

Point
激しく怒っている子には、すぐに声をかけると危ないこともある。そのときは教師や大人に伝えるようにすることも、補足説明しておく。

自分の意見が通らないと、すぐにふてくされてしまうBさん。クラスの話し合いでサッカーをすることになったのに、ドッジボールがやりたかったBさんはいつまでも不きげんなままです。

アドバイス

<例>
- みんな心配してるよ。笑って「ごめん」って、言っちゃったら。
- この次はドッジボールになるかもしれないから、今日は一緒にサッカーやろうよ。

Point
なかなかアドバイスを書けない子は、友達の発表を聞いてから、記入するように促してもよい。

ふり返り

<例>
- 自分の気持ちを出しすぎると、人に迷惑がかかることに気づいた。
- すぐに泣いたり怒ったりすると、驚く人がいるとわかった。
- 自分の感情はコントロールすることができると知った。

Point
このスキルは授業で学ぶだけではなかなか身につかないので、「授業の後でも『がまんの方法』が見つかった人は、先生に教えてほしい」など伝え、日常的に実感させるとよい。

いやな気持ちを切りかえよう

いやなことがあった後、いつまでもいらいらや悲しみ、怒りなどの感情を引きずっていると、ますます物事が悪い方向へ向かってしまうことがあります。ここでは、上手に気持ちを切りかえて、マイナスのスパイラルから抜け出す、自分に合った方法を見つけていきます。

授業の進め方

板書の始め方

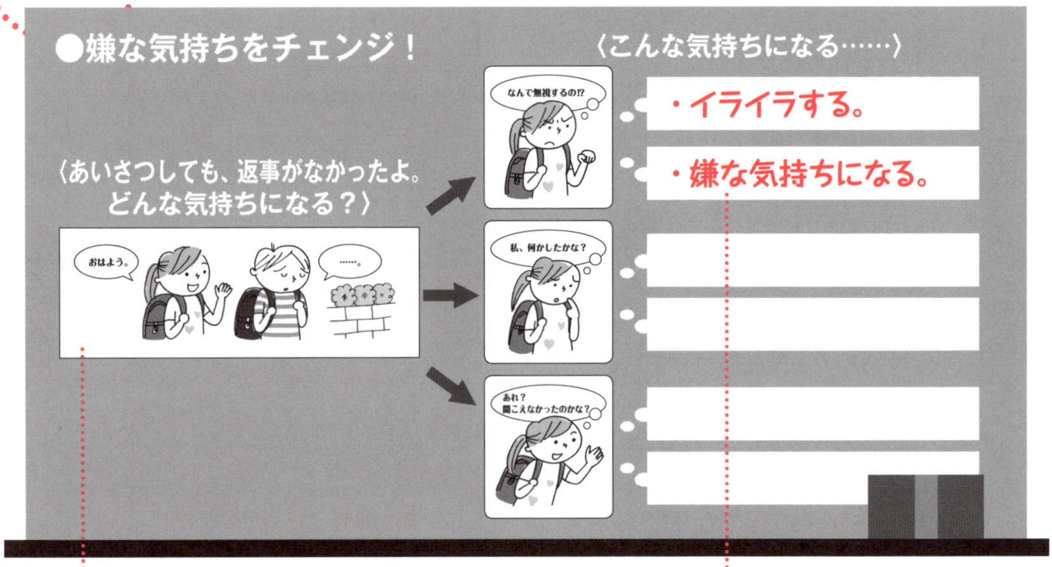
●嫌な気持ちをチェンジ！
〈あいさつしても、返事がなかったよ。どんな気持ちになる？〉
おはよう。
……。
〈こんな気持ちになる……〉
なんで無視するの!?
・イライラする。
・嫌な気持ちになる。
私、何かしたかな？
あれ？
聞こえなかったのかな？

Point 1 モデリングで、ワーク1のイラストを拡大コピーしてはる。

Point 2 ワーク1に対する子どもの意見を板書する。

ウォーミングアップ（導入）

5分

はやくしなさ〜い!
なによ!

① 「最近、いやなことがあった人はいる？」と子どもたちに聞く。

② 「朝、弟とけんかした」「お父さんにしかられた」など、いろいろな話が出てきたところで、「いやなことがある日もあるよね。でもそんなとき、いやな気持ちを放っておくと、どんどん暗い気持ちになるよね。そこで今日は……」と、インストラクションにつなげる。

1 インストラクション
トレーニングの目的を伝える

5分

● 「嫌な気持ちになったとき、上手に気分転換できる人になろう」と、目的を伝える。
● ワークシートを配布する。

ねらい

・落ちこんだ気持ちをそのままにしておくと、マイナスな行動へとつながることに気づかせる。
・マイナスの気持ちも、自分でプラスの気持ちへと転換できることを知らせる。

2 モデリング
手本を見せる

10～15分

● ワーク1 のイラストをコピーしてはり、3パターンを教師が演じる。
● 子どもの感想を聞き、教師は子どもの意見を確認しながら板書する。子どもはワークシートに記入する。板書!

ねらい

・同じ状況でも、自分の受け止め方で、その後の行動が変わることに気づかせる。
・同じ状況のとき、普段の自分はどのように考えているのか、考え方のクセに気づかせる。

3 リハーサル
子どもが練習・実演する

10～15分

● ワーク2 に、子どもが記入する。
● 隣の子とペアになり、書いた「気持ちをチェンジする方法」を伝え合う。
● 2～3組のペアに前に出てもらい、「気持ちをチェンジする方法」を発表してもらう。時間があれば、できるだけ多くのペアに発表してもらうとよい。

ねらい

・それぞれ自分なりの「気持ちの切りかえ方」を考える。
・友達の発表を聞き、自分の気持ちを立て直す、いろいろな方法があることに気づかせる。

4 フィードバック
振り返る

10分

● 今日の学習を振り返り、それぞれ「ふり返り」に記入する。
● 時間があれば、数人に感想を発表してもらう。

ねらい

・一人一人の「気づき」を記入させる。
・授業後は、いやな気持ちを放っておかないこと、また気分転換の方法を確認する。そして、日常の中で自分の感情と行動をコントロールできるよう促していく。

次のページでワークシートの解説をします

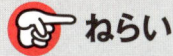

ワークシートの解説

嫌な気持になってしまったときの対処法を学びます。ワーク1で自分の考え方のクセを知り、ワーク2でマイナスの気持ちを切りかえる方法を学びます。

Point
同じ出来事でも、とらえ方次第で気持ちが変わる。人の思考にはクセがあるので、自分はどのようにものごとをとらえがちなのか、ワークを使って考える。

感情《かんじょう》をコントロールするスキル

いやな気持ちを切りかえよう

名前

ワーク1 自分の考え方のくせを知る

◆朝、あいさつをしたのに、返事がなかったよ。あなたなら、どう思うかな。

おはよう。
……。

友達《ともだち》にあいさつしたのに、返事をしてくれなかったよ

なんで無視《むし》するの!?

私《わたし》、何かしたかな？

あれ？
聞こえなかったのかな？

さらに
こんな気持ちになる。
<例>
・その後ずっといらいらする。
・もうあいさつしない！と思う。

さらに
こんな気持ちになる。
<例>
・心配になる。
・嫌われているのかもしれないと思う。

さらに
こんな気持ちになる。
<例>
・もう1回、あいさつしてみようと思う。

222

Point
書き終えたら、「みんなはこんなとき、相手を責めてしまうタイプかな。自分を責めるタイプ？ それとも、前向きにとらえるタイプかな？」と問いかけ、自分の考え方のパターンに気づかせる。どのパターンでもOKであり、ここでは「気づく」ことを大切にする。

ワークのねらい

同じ出来事でも、受け取る側の考え方や受け止め方によって、次の行動が変わります。怒りっぽい子、何でも「自分が悪い」と責めてしまう子など、性格によるところも大きいですが、このワークシートで大切なのは、マイナスの気持ちは、自分でプラスに変えられると知ることです。ワーク1では3つの受け取り方を例示していますが、どう感じたとしてもても、間違いではありません。自分がどのタイプなのかを知り、それを手がかりにワーク2で学ぶように、プラスの気持ちへと変えていければそれでよいのです。

Point 最初に教師が自分の気分転換のやり方を説明すると、子どもがイメージしやすくなる。

ワーク2「気持ちチェンジ」名人になる

◆あなたならどうやって気持ちをチェンジする？

Point マイナスとプラスの気持ちを、隣の子と言葉に出して伝え合う。声に出したときの「気持ちの変化」も感じられるとよい。

テストで
失敗《しっぱい》しちゃった。

マイナス
<例>
・なんで間違えたんだろう。
・がっかりだな……。

プラス
<例>
・でも、これは簡単なミスだ！
次からは間違えないぞ。

リレーで
ぬかされた。

マイナス
<例>
・ぼくって走るのが遅いな……。
・くやしい！ リレーなんか大きらいだ！

プラス
<例>
・得意なマラソンで挽回だ！
・友達に勝てるように、練習しよう。

友達《ともだち》に
今日は遊べないと
言われた。
ごめんね

マイナス
<例>
・つまらないな……。
・私のこと、嫌いなのかな。

プラス
<例>
・今日は、読みたかった本を読もう！
・明日また、誘ってみよう。

あなたの気分の変《か》え方を書きましょう。
<例>
・好きな音楽を聞く ・甘いものを食べる ・サッカーをする。

Point さまざまな気分転換の方法があることを知らせるために、なるべく多くの子に意見を発表してもらうとよい。

ふり返り

<例>
・嫌な気持ちがしたときは、自分で気分転換をして変えるようにする。
・いろいろな気分転換の方法があるとわかってよかった。
・今度いらいらしたら、サッカーをして気持ちを切りかえようと思う。

「気持ち」を言葉で伝えよう

本当はいやなのに「やめて」と言えずに笑っている子、上手に「いや」と伝えられずにキレてしまう子。どちらも上手なコミュニケーションとはいえません。ここでは、マイナスの気持ちを「言葉」で伝えるやり方を学びます。感情をがまんできるようになる、その次のステップになります。

授業の進め方

板書の始め方

●どんな気持ちがするかな？

〈2つの言い方を比べてみよう〉

この後、2人はどうなったのかな？

・2人はけんかになった。

Point 1　モデリングで、ワーク1のイラストを拡大コピーしてはる。

Point 2　ワーク1の1問目に対する子どもの意見を板書する。

ウォーミングアップ（導入）　5分

①「みんなは友達に言われて、我慢できないくらい怒ったことや、深く傷ついたりしたことがあるかな」と聞く。そして、「先生は子どものころ、食べるのが遅いと言われると、すごく傷ついたんだ」などと、体験を話す。

②そして、「頭にきたことやつらかった気持ちは、自分の中に押しこめるとつらいよね。でも、その気持ちを友達にぶつけて、けんかになるのも嫌だよね」と、インストラクションにつなげる。

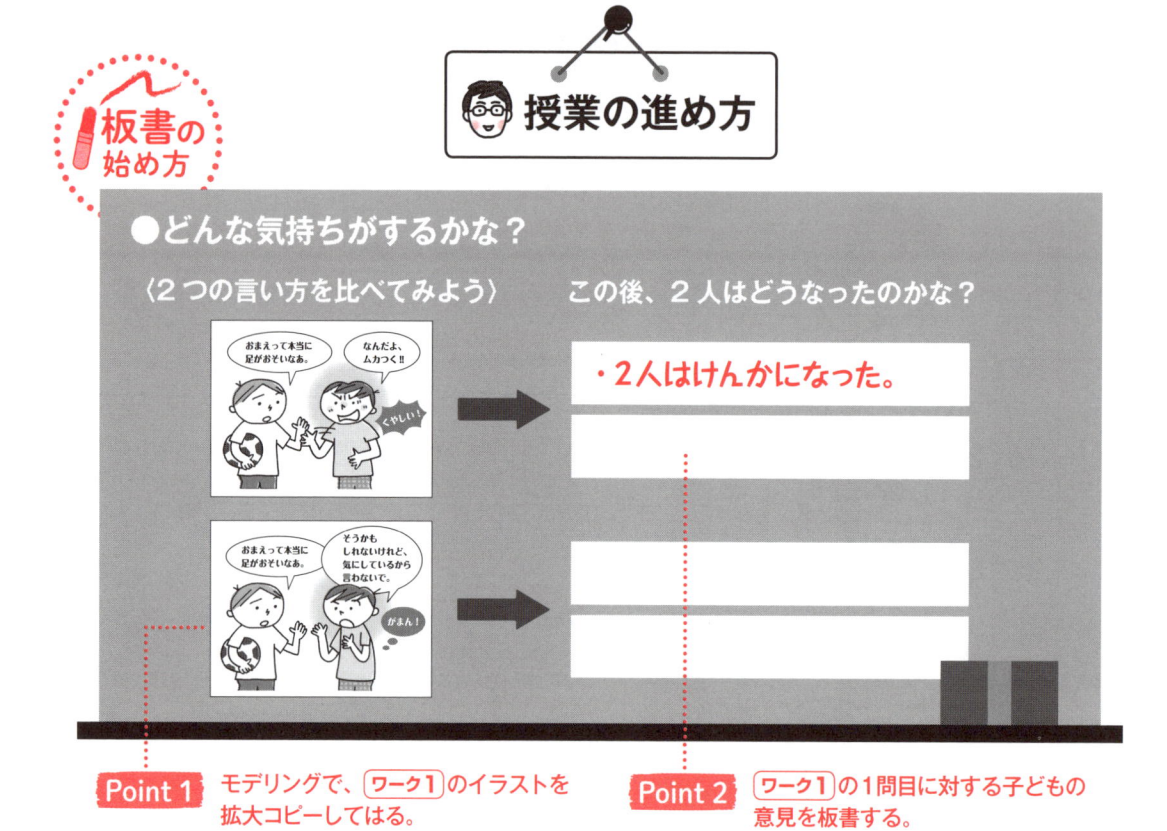

1 インストラクション
トレーニングの目的を伝える

5分

- 「怒ったり、がまんしたりしないで、自分の気持ちを言葉で相手に伝えられるようになろう」と、目的を伝える。
- ワークシートを配布する。

ねらい

・キレたり、がまんしたりするやり方以外で、気持ちを伝える方法があることを知る。

2 モデリング
手本を見せる

10～15分

- ワーク1 の1問目のイラストをコピーしてはる。教師が2つの場面を演じる。
- 子どもに意見を聞き、確認しながら板書する。子どもはワークシートに記入する。板書!
- ワーク1 の2問目。子どもはワークシートに記入する。数人に、書いた内容を発表してもらってもよい。

ねらい

・対応の仕方によって、その後の2人の行動や関係が変わることに気づかせる。

・けんかにならない上手な言い方があることを教える。

3 リハーサル
子どもが練習・実演する

10～15分

- ワーク2 に、子どもが記入する。
- 隣の子とペアになり、記入したセリフをやり取りする。
- 2～3組のペアに前に出てもらい、やり取りしたことを発表してもらう。

ねらい

・どう言えば、相手や周りの人に自分の気持ちが伝わるか考えさせる。

・上手に「いやだ」と言われたとき、どんな気持ちになるのかを感じさせる。

・友達の発表を見て、いろいろな気持ちの伝え方があることを理解する。

4 フィードバック
振り返る

10分

- 今日の学習を振り返り、それぞれ「ふり返り」に記入する。
- 時間があれば、数人に感想を発表してもらう。

ねらい

・一人一人の「気づき」を記入させる。

・授業後は、「いやだ」と伝えることの大切さを理解させ、今日の練習が日常の生活にも生かされるよう促していく。

次のページでワークシートの解説をします

ワークシートの解説

ワーク1 は、感情を爆発させたときと、言葉で伝えたときの、伝わり方の違いを知ります。
ワーク2 では、怒り、悲しみ、申し訳ないといった気持ちの伝え方を考えます。

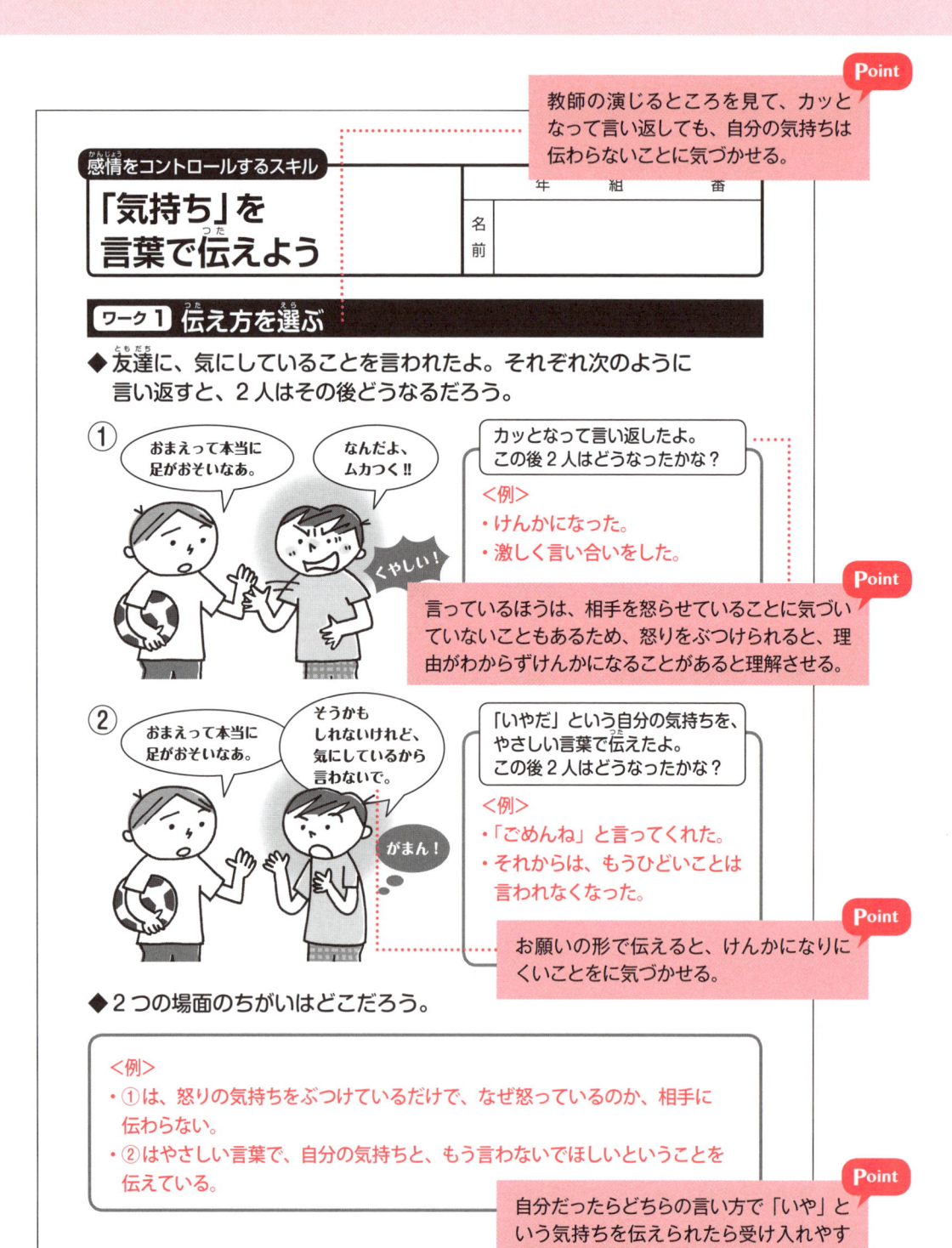

Point
教師の演じるところを見て、カッとなって言い返しても、自分の気持ちは伝わらないことに気づかせる。

感情《かんじょう》をコントロールするスキル

「気持ち」を言葉で伝《つた》えよう

年　組　番
名前

ワーク1 伝《つた》え方を選《えら》ぶ

◆友達《ともだち》に、気にしていることを言われたよ。それぞれ次のように言い返すと、2人はその後どうなるだろう。

①

おまえって本当に足がおそいなあ。
なんだよ、ムカつく!!
くやしい!

カッとなって言い返したよ。
この後2人はどうなったかな？

<例>
- けんかになった。
- 激しく言い合いをした。

Point
言っているほうは、相手を怒らせていることに気づいていないこともあるため、怒りをぶつけられると、理由がわからずけんかになることがあると理解させる。

②

おまえって本当に足がおそいなあ。
そうかもしれないけれど、気にしているから言わないで。
がまん!

「いやだ」という自分の気持ちを、
やさしい言葉で伝《つた》えたよ。
この後2人はどうなったかな？

<例>
- 「ごめんね」と言ってくれた。
- それからは、もうひどいことは言われなくなった。

Point
お願いの形で伝えると、けんかになりにくいことをに気づかせる。

◆2つの場面のちがいはどこだろう。

<例>
- ①は、怒りの気持ちをぶつけているだけで、なぜ怒っているのか、相手に伝わらない。
- ②はやさしい言葉で、自分の気持ちと、もう言わないでほしいということを伝えている。

Point
自分だったらどちらの言い方で「いや」という気持ちを伝えられたら受け入れやすいか考えさせる。

ワークのねらい

普段から気持ちを言葉に置きかえ、相手に伝えられていれば、突然キレたりすることはありません。心をコップにたとえると、「がまん」は、心のコップに一滴ずつ水（気持ち）がたまっていくようなもの。ある日、突然あふれ出すのです。コップの容量は一人一人違い、自分でもいつ気持ちがあふれ出すのかわかりません。気づかないうちにキレたりしないように、マイナスな感情を言葉で相手に伝えることが必要です。ワーク1、ワーク2を通して、マイナスな気持ちの伝え方を、繰り返し練習していきましょう。

ワーク2 上手に気持ちを伝《つた》える

◆「いやだ」と思う気持ちを、言葉で伝《つた》えてみよう。

呼《よ》ばれたくないあだ名で呼《よ》ばれたとき

よっ
「おっさん！」

こんなふうに伝《つた》える。

＜例＞

・そのあだ名で呼ばれると、ちょっと傷ついちゃうんだ。できれば下の名前で呼んでほしいな。

Point
このように説明することで、周りの人も、「このあだ名がいやなんだな」とわかり、そのあだ名で呼ばれにくくなるということを説明する。また、感情的にならず、冷静に話すことが大切だと補足する。

失敗《しっぱい》したことを責《せ》められたとき

あんたの
せいだよ！

こんなふうに伝《つた》える。

＜例＞

・本当にごめんなさい。でも、悪口を言われるのは悲しいから、間違ってるときは、直接言ってね。

Point
自分に非がある場合でも、気持ちをためこむのではなく、最初に謝ってから、自分が傷ついていることなどを説明する。

自分のものを勝手に使われたとき

使うよ！

こんなふうに伝《つた》える。

＜例＞

・ごめんね。それ、大切なものだから、こっちを使ってね。

Point
「ごめん」は魔法の言葉。「ごめんね」から始めると、相手もこちらの気持ちを受け入れやすくなることを説明する。

ふり返り

＜例＞

・「やめて！」と強く言うとケンカになるけれど、「やめてほしい」とお願いすれば、けんかにならないし、やめてもらえる。
・「ごめんね」から話し始めると、相手が聞いてくれる。

Point
ワーク2が終わったら、いらいらする、悲しい、がっかりする、くやしい、困る、つらい、といった状況の設問を追加し、伝え方を考えるのもよい。

くやしさをエネルギーに変えよう

くやしいという気持ちは、自分ががんばってきたからこそ生まれるもの。また、自分を大切に思うからこそ、ほかの人と比較したときや、人からの評価に納得できないときなどに感じます。その気持ちを、次に進むエネルギーにできるかどうかは自分次第。くやしさをプラスの行動へつなげるスキルを学びます。

授業の進め方

板書の始め方

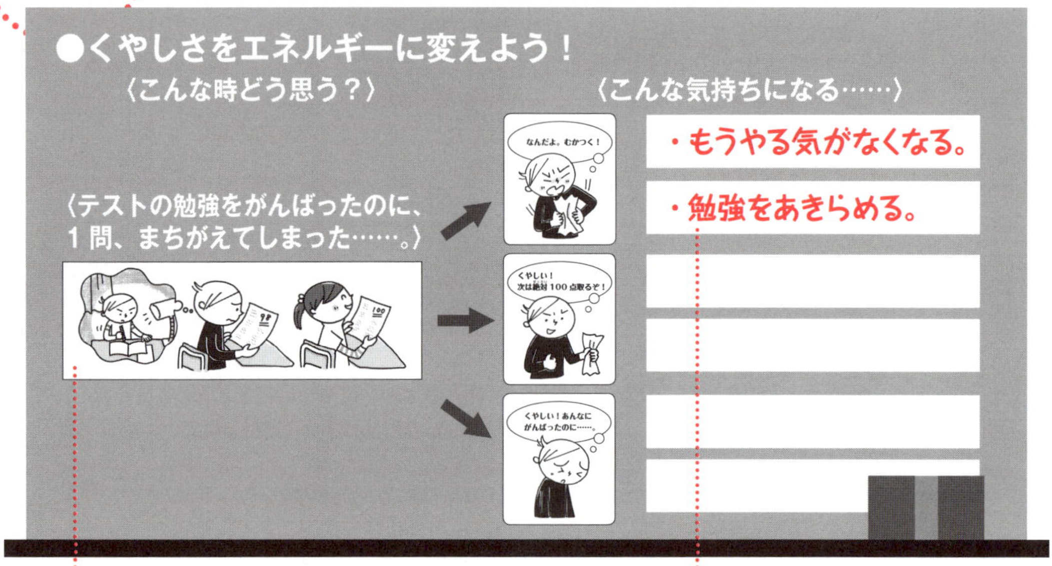

●くやしさをエネルギーに変えよう！
〈こんな時どう思う？〉
〈テストの勉強をがんばったのに、1問、まちがえてしまった……。〉
〈こんな気持ちになる……〉
なんだよ。むかつく！
くやしい！次は絶対100点取るぞ！
くやしい！あんなにがんばったのに……。
・もうやる気がなくなる。
・勉強をあきらめる。

Point 1 モデリングで、ワーク1のイラストを拡大コピーしてはる。

Point 2 ワーク1に対する子どもの意見を板書する。

ウォーミングアップ（導入）　5分

① 「みんなは、くやしい思いをしたことはある？　先生は、ピアノの発表会で緊張して弾けなくなってしまったことがあったの。くやしかったな」などと、自分のエピソードを話す。

② 子どもたちから意見が出た後で、「くやしいと思うのは、がんばっていたときだよね。だから一度失敗したからといって、あきらめたらもったいないよね。そこで今日は……」と、インストラクションにつなげる。

1 インストラクション
トレーニングの目的を伝える

5分

- 「くやしさはやる気があったという証拠。くやしさをエネルギーに変えよう」と、目的を伝える。
- ワークシートを配布する。

ねらい

・くやしさは、残念な気持ちではなく、次へ進むエネルギーになることを教える。

2 モデリング
手本を見せる

10～15分

- ワーク1のイラストをコピーしてはる。黒板を見ながら、3つのパターンを教師が演じる。
- 子どもに感想を聞き、確認しながら板書する。子どもはワークシートに記入する。板書!

ねらい

・いろいろな場面での「くやしさ」があることに気づかせる。

・「くやしい気持ち」の受け止め方によって、次の行動や、ついてくる結果が変わることに気づかせる。

3 リハーサル
子どもが練習・実演する

10～15分

- ワーク1を参考に、くやしさを前向きにとらえることを意識させ、子どもはワーク2に記入する。
- 隣の子とペアになり、書いたセリフを声に出してやり取りする。
- 2～3組のペアに前に出てもらい、やり取りしたことを発表してもらう。

ねらい

・単にくやしさを前向きにとらえる練習をするのではなく、次の目標を設定し、そこへのやる気につなげられるようにする。

4 フィードバック
振り返る

10分

- 今日の学習を振り返り、それぞれ「ふり返り」に記入する。
- 時間があれば、数人に感想を発表してもらう。

ねらい

・一人一人の「気づき」を記入させる。

・授業後は、日常の中でくやしい思いをしている子を目にしたら、それをチャンスととらえ、その子が前に向かっていけるよう促す。

次のページでワークシートの解説をします

ワークシートの解説

ワーク1 では、くやしさの受け止め方の違いについて考えます。ワーク2 では、くやしさを前向きな気持ちへと転換するやり方を学びます。

感情《かんじょう》をコントロールするスキル

くやしさをエネルギーに変えよう

年	組	番
名前		

Point
3つの場面を演じるときは、なるべく大げさに、子どもに違いがわかるようにするのがポイント。

ワーク1 くやしさの受け止め方を考える

◆テストで1問だけ間ちがえて、100点をのがしてしまったよ。
それぞれ次のテストの結果はどうなったか考えてみよう。

98
100

こんな気持ちになったよ。

なんだよ。むかつく！

次のテストはどうなるかな？

<例>
・ふてくされて、もう勉強をしなくなる。

くやしい！
次は絶対《ぜったい》100点取るぞ！

次のテストはどうなるかな？

<例>
・前向きだから、次は100点を取ると思う。

くやしい！あんなにがんばったのに……。

次のテストはどうなるかな？

<例>
・落ちこんでいる。
やる気がなくなって、テスト勉強をしないかもしれない。

Point
上のキレる、くやしさをばねにする、落ちこむタイプの例を見て、「普段自分がどのタイプなのか考えてみよう」と問いかける。どのタイプが悪いということではなく、くやしい=がんばった証拠であると伝え、結果だけでなくまずは努力した自分自身をほめるよう伝える。

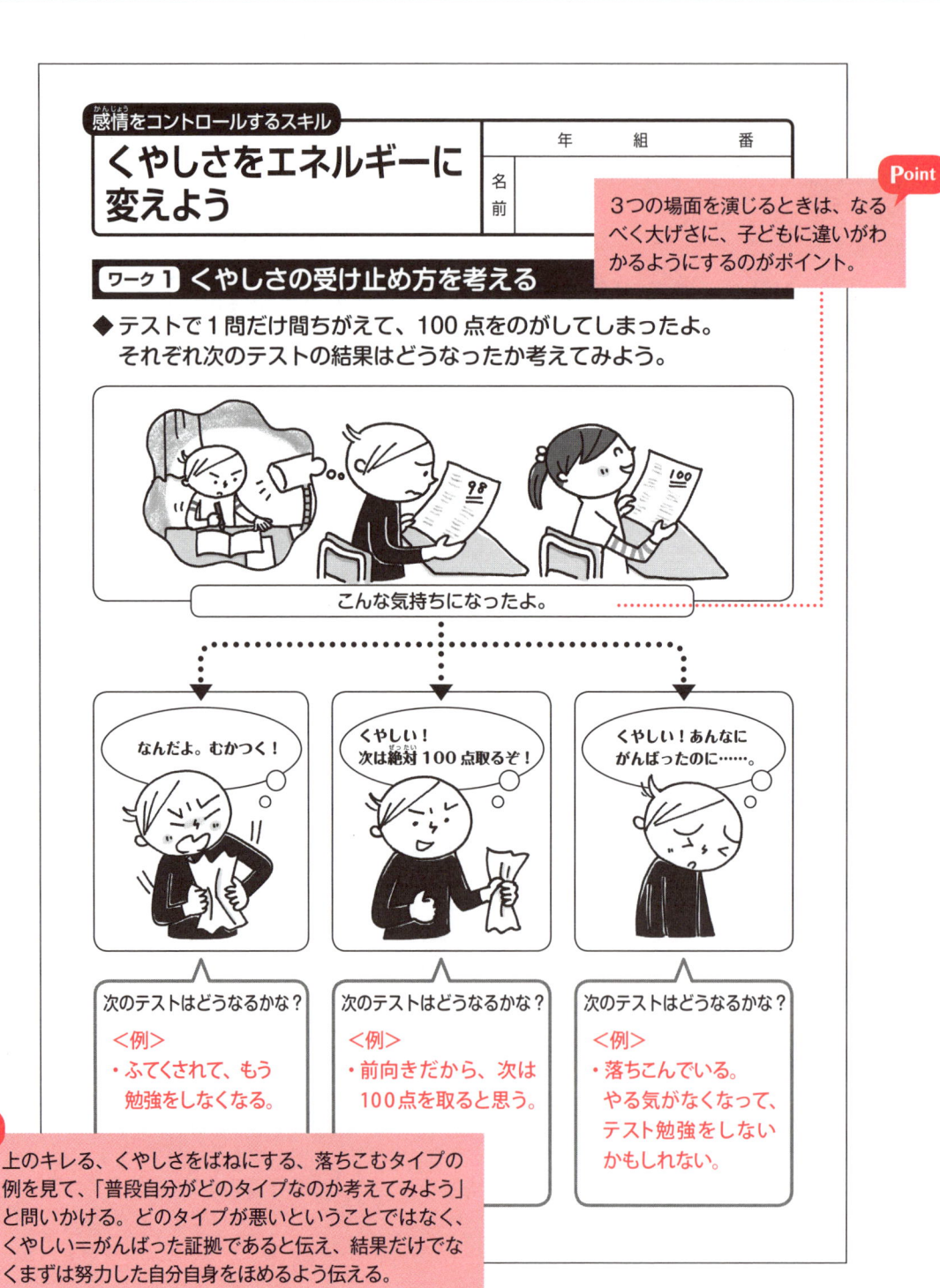

ワークのねらい

くやしさは、怒りとは違う感情です。怒りは「不満」の気持ちでもありますが、くやしさは、一生懸命取り組んだからこそ生まれるものです。思った通りにならなかったときに、「くやしい！」と気持ちを爆発させるにとどまったり、「二度とくやしい思いをしたくないから、もうやらない」とあきらめてしまったりするのは、もったいないことです。そこでここでは、くやしさを次のステップへとつなげるスキルを子どもに伝えます。このスキルを日常で繰り返すうちに、自然と切りかえが身につくようになることでしょう。

ワーク2 くやしい気持ちをチェンジする

◆くやしい気持ちを「やる気」にチェンジしてみよう。どうすればよいかな。

ちくしょう！
試合《しあい》で負けた！

「やる気に」にチェンジ！
<例>
・もっともっと練習だ！
次こそ勝つぞ。

Point
くやしさを友達にぶつけたらどうなるか想像させる。また、前向きにチェンジできないときは、そのくやしさを、次回の目標につなげるよう説明するとよい。

もぉ！ 検定《けんてい》試験《しけん》に
受からなかった！

「やる気に」にチェンジ！
<例>
・間違えたところを練習して、次は合格しよう！

思った通りに
絵がかけない！

「やる気に」にチェンジ！
<例>
・考えていてもわからないから、先生に塗り方を教えてもらおう！

Point
できないことを認めるのは、成熟した気持ち。人に聞くことは恥ずかしいことではなく、前に進む一つの方法であることを説明する。

ふり返り

<例>
・くやしいときは、カーッと頭が熱くなるけれど、それはいいことだとわかってよかった。
・やる気にかえる方法がわかってよかった。

Point
ワーク2のやり取りを通して、前向きに気持ちが変化する感覚をつかむ。いくつか事例をかえて、繰り返し練習するとよい。

コラム
チャレンジ編
①

自分を好きになろう

一年のまとめとして、「自分を好きになる」トレーニングを紹介します。ワーク1で、自分に当てはまると思う魅力に○をつけ、次に「なりたい自分」の魅力を選んで記入します。自分の魅力を見つけた後は、ワーク2で、今度は友達のよいところを見つけます。

チャレンジ編《へん》①

自分を好《す》きになろう

Point
自分を好きになると、自己肯定感が高まり、自信をもって意見を言えるようになる。また、相手の考えも尊重できるようになるということを、教師が把握し、授業を進めていく。

ワーク1 自分のいいところを認《みと》める

◆当てはまるものを、○で囲《かこ》もう。

Point
子どもの抵抗が大きいので、1問目は発表はさせない。

やさしい	明るい	親切	おもしろい	勇気《ゆうき》がある
頭がいい	かわいい	かっこいい	足が速い	落ち着いている
運動が得意《とくい》	き帳面	まじめ	元気がある	おしとやか
がんばりや	素直《すなお》	おおらか	だれとでも仲《なか》よし	前向き
おだやか	はきはきしている	思いやりがある	正直である	しっかりもの
負けずぎらい	個性的《こせいてき》	記おく力がいい	がまん強い	物知り
しん重	たよりになる	好《こう》き心《しん》おうせい	センスがいい	笑顔《えがお》がいい
手先が器用《きよう》	ゆったりしている	社交的《てき》	リーダー的《てき》	サポート上手
あきらめない	堂々《どうどう》としている	よく気がつく	何にでもチャレンジする	熱血《ねっけつ》

Point
丸をつける数は、あえて子どもには伝えない。丸の数が少ない子ほど自己評価が低い傾向がある。

Point
2問目の前に、「今度は、ここが足りないな、こうなりたいなというものを選ぼう」と伝え、理想の姿を具体化させる。

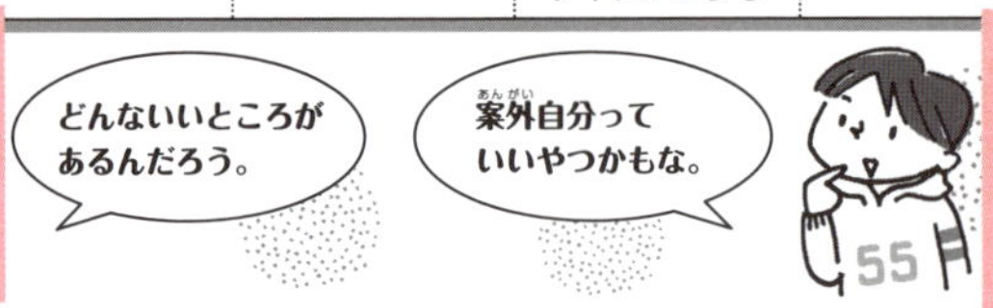

どんないいところがあるんだろう。
案外《あんがい》自分っていいやつかもな。
55

◆なりたい自分を、上の中から2つ選《えら》ぼう。理由も書いてみよう。

・なりたい私《わたし》のイメージは、〈例〉リーダー的な私 と 堂々としている私 です。

・その理由は 〈例〉今年は班長をやって、みんなを引っぱっていきたいから。

228

Point
記入後、数人に発表してもらう。教師も「先生は、かっこいいのが魅力だと思うけれど、今度は熱血な先生になりたいと思う」など、ユーモアを交えて見本を示してもよい。

ワークのねらい

自分で自分のよさを認めることは、年齢が高くなるにつれて難しくなります。他人と自分とを比較することも大切ですが、必要以上に過小評価しないことも重要です。自分のよさを認めることに対しては、恥ずかしさもあり、少し難易度が高いかもしれませんが、1年のまとめとして、進級前に取り組むのもよいでしょう。ワーク2では、友達のよさや魅力を理解し伝え合うことで、よりお互いを認めることができます。さらに、新しい自分の魅力にも気づくきっかけにもなります。

ワーク2 友達《ともだち》のいいところを認《みと》める

Point ワーク1の発表が終わったらワーク2へ。コピーした「みりょくカード」に1枚ずつ子どもの名前を書き、ランダムに配る。子どもは手元に来た紙に書かれた人の「魅力」に○をつける。

◆友達《ともだち》のいいところを見つけて伝《つた》えよう。

みりょくカード

〈例〉阿部 まり＿＿＿＿さんのいいところ

やさしい	明るい	親切	おもしろい	勇気がある
頭がいい	かわいい	かっこいい	足が速い	落ち着いている
運動が得意《とくい》	き帳面	まじめ	元気がある	おしとやか
がんばりや	素直《すなお》	おおらか	だれとでも仲《なか》よし	前向き
おだやか	はきはきしている	思いやりがある	正直である	しっかりもの
負けずぎらい	個性的《こせいてき》	記おく力がいい	がまん強い	物知り
しん重	たよりになる	好《こう》き心《しん》おうせい	センスがいい	笑顔《えがお》がいい
手先が器用《きよう》	ゆったしている	社交的《てき》	リーダー的《てき》	サポート上手
あきらめない	堂々《どうどう》としている	よく気がつく	何にでもチャレンジする	熱血《ねっけつ》

Point 書き終えたカードは教師が集め、名前の書かれた子どもに渡す。書いた人がわからないほうが、自分のよさを受け入れやすい。

ひと言メモ 〈例〉
・まりさんは、いつもみんなをまとめてくれる。
・いつも勇気をくれる。

Point 悪口は書かないことを全員で約束しておく。

◆友達《ともだち》が書いてくれたメモを見てみよう。どんな気持ちがするかな？

〈例〉
自分ではのんびりやだと思っていたけれど、「しっかりもの」とたくさんの人が書いてくれて、驚いた。少し、自信がついた。

Point 自分の「みりょくカード」を見て感想を書く。欠点だと思っていることや、意識していなかったことが、長所に見えることもあると気づかせたい。

Point アレンジとして、班ごとに自分以外の全員の魅力を書き合うのもよい。書かれた内容が似ていれば「だれが見てもやさしいと感じるんだね」など、複数のときは「たくさん魅力があるということだね」など声をかけて自信につなげる。

コラム チャレンジ編②

計画を立て目標を達成しよう

目標を立て、そこに向かって努力をするときの方法を学びます。まず、ワーク1で達成しやすい目標の立て方を学び、ワーク2で、実際に目標を実現するための計画を立てていきます。1日ずつ「ふり返り」に記入し、1週間後に全員で発表し合うとよいでしょう。

チャレンジ編《へん》②

計画を立て 目標《もくひょう》を達成《たっせい》しよう

Point 1問目は全員で考える。「学校から帰ってから、5時間勉強すると、何時に寝ることになるのだろう」と問いかけ、現実とかけ離れていて、無理をしないと達成できないものは、実行するのが難しいということを確認する。

ワーク1 達成《たっせい》できる計画を立てよう

◆Aくんは計画を立てたが、3日しか続かなかったよ。どうしてだろう。

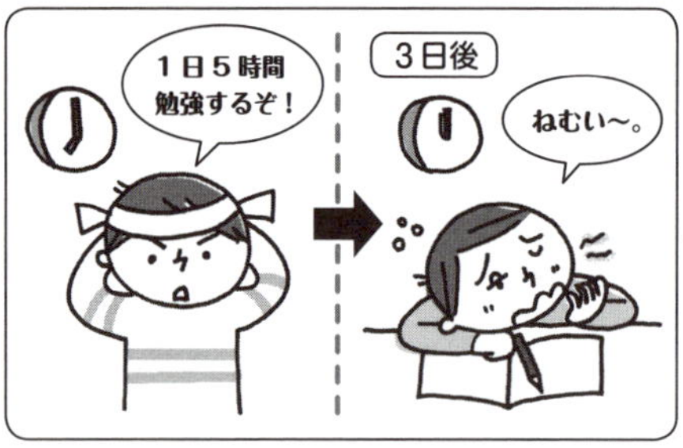

1日5時間
勉強するぞ！
3日後
ねむい～。

ここが問題
〈例〉
・眠る時間がなくなってしまうから。
・次の日に学校で眠くなってしまう。

1年分の
計画を立てた！
3日後
1年は長いなぁ。
あきちゃったよ。

ここが問題
〈例〉
・1年だと、長すぎてあきてしまう。

Point 目標達成までに時間がかかりすぎると、やる気を維持するのが難しいことに気づかせたい。

漢字検定《けんてい》1級に
合格《ごうかく》するぞ！
漢字
3日後
難《むずか》しすぎて、
無理《むり》……。

ここが問題
〈例〉
・習っていない漢字だと、覚えられない。
・1つしか練習できない。

Point 目標設定が高すぎると、途中でざせつしやすいことを、全員で確認する。

Point ワーク1が終わった段階で、現実的な目標を立てることが大切であることをまとめとして確認する。

ワークのねらい

中～高学年になると、教師や親に言われたからやるというところから、自分の意志で「やりたい」と思うことが出てきます。しかし、具体的な努力の仕方がわからずに、投げ出してしまう子どもも少なくありません。そこで、1週間という比較的子どもが取り組みやすい期間で、目標と計画を立てる練習をしましょう。小さな目標をクリアしたり、自分なりにやったという達成感を味わう経験を積み重ねると、自信につながります。その経験がベースとなり、長期的な目標にも挑戦できるようになります。

Point 教師が、「1日3kmのランニングを1週間続ける」など、例を挙げてもよい。

ワーク2 一週間の計画を立てる

◆一週間で達成《たっせい》できる目標《もくひょう》と、計画を立ててみよう。立てたら、実践してみよう。

Point 「計画」は、最初の授業で、1週間分をまとめて書く。

目標《もくひょう》 〈例〉苦手な分数のかけ算が、できるようになる。

曜日	計画《けいかく》	ふり返り
月曜日	〈例〉問題集を買う。問題を1枚やる。	〈例〉はりきって、3枚やった。
火曜日	〈例〉問題を2枚やる。	〈例〉今日は、目標の2枚できた。
水曜日	〈例〉明日、サッカーでできないので、問題を3枚やる。	〈例〉1枚しかできなかった。
木曜日	〈例〉サッカーの練習日なので、やらない。	〈例〉サッカーで疲れて、やらなかった。
金曜日	〈例〉問題を2枚やる。	〈例〉1枚やった。
土曜日	〈例〉問題を1枚やる。	〈例〉遊びの約束をして、できなかった。
日曜日	〈例〉難しい問題を1枚やる。	〈例〉残りの3枚をまとめてやった。集中力があった。

Point 「ふり返り」は1日ごとに書き入れる。それを1週間続ける。

Point 大切なのは、どれだけ目標を達成できたか、取り組んでいたときの気持ちはどうだったかをふり返ること。結果だけでなく、よかった点をほめ、継続できるように言葉をかける。

コラム
教師の
体験談から

ソーシャルスキルトレーニングで島の子どもも変わった！

私は今、年に数回、沖縄県の宮古島にある小・中学校で、担任の先生と一緒に、ソーシャルスキルトレーニングの授業をしています。都会から見た宮古島のイメージは、のどかで、人間関係のお手本があるように感じるかもしれません。しかし、**小さな島の人間関係は、家族のように距離が近くて濃密です。困っていれば周りが察して先に手を差し伸べてくれるので、自分の気持ちを伝える機会がはぐくまれない傾向があります。**その結果、進学で島の外に出たときに、自分の意見をうまく伝えられず、人間関係につまずき、苦しんでいる子どもたちの現状がありました。そこで、授業では『自分の気持ちを伝えるスキル』を繰り返し行うことにしたのです。

すると最初の授業の後、引っこみ思案だったAさんに変化がありました。その日のうちに、バスケットボール部の顧問の先生に、「私を部に入れてください」と言いに行ったのです。その変化に顧問の先生も驚き「一度、家の人とも相談しておいで」と伝えたところ、Aさんは帰宅後すぐに、母親にいきさつを話したそうです。一見、当たり前の話ですが、「バスケットボールをやりたい」と言いに行くことも、家族に相談することも、それまでのAさんでは考えられないことで、先生もご家族も驚いていました。無事に入部したAさんは、この経験が自信となり、少しずつ意見を言えるようになっています。

Aさんがバスケットボールをしたいと思っていれば、いつかはだれかが気づいて、入部できたかもしれません。しかし、将来出ていく島の外の世界は、そうではありません。したいことも、嫌だと思うことも、自分で伝える必要があります。

ソーシャルスキルの授業は、1回で効果があらわれるものでも、完結するものでもありません。しかし、Aさんのように、行動を起こす「きっかけ」になるものだと信じています。ゆっくりでも、必ずその子なりの変化があります。ぜひ、長期的な視野をもって、取り組んでみてください。

付録

コピーして使える
ワークシート

ここからは「友達づくりのスキル」「相手の気持ちを考えるスキル」「自分の気持ちを伝えるスキル」「感情をコントロールするスキル」のワークシートを掲載しています。必要なページを印刷して使ってください。

ワークシートの使い方

初めての人も

使い方 1

選んだソーシャルスキルトレーニングのワークシートを、そのままコピーする。それを、本書で紹介している「授業の進め方」に沿って、授業を展開する。

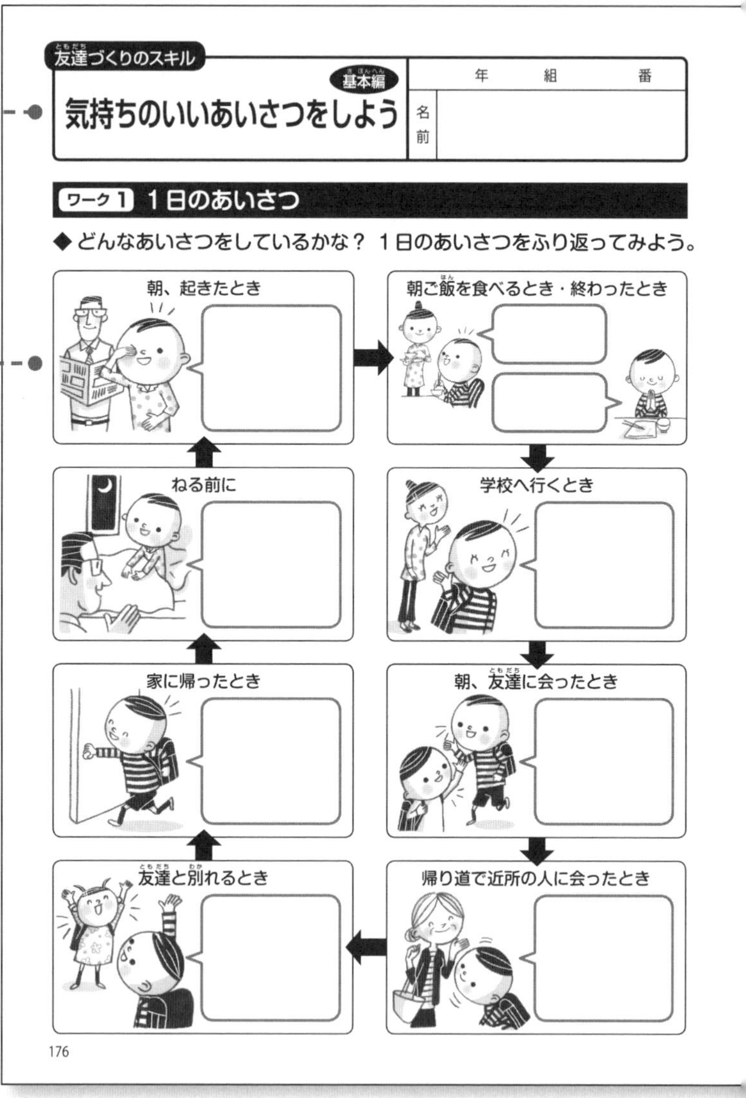

友達《ともだち》づくりのスキル

基本編《きほんへん》

気持ちのいいあいさつをしよう

年	組	番
名前		

ワーク1　1日のあいさつ

◆どんなあいさつをしているかな？ 1日のあいさつをふり返ってみよう。

朝、起きたとき

朝ご飯《はん》を食べるとき・終わったとき

学校へ行くとき

朝、友達《ともだち》に会ったとき

帰り道で近所の人に会ったとき

友達《ともだち》と別《わか》れるとき

家に帰ったとき

ねる前に

176

初めての人も

使い方 2

設問のイラストを1つずつ拡大コピーをする。それを、黒板にはり、授業を進めていく。

注意点

ワークシートは、ワーク1の流れを受けてワーク2につながる構成になっています。前日にワーク1だけを、翌日にワーク2だけというように、分割してしまうと、子どもの意識が途切れてしまい、あまりおすすめできません。1回の授業で、両方のワークを連続して行うようにしましょう。

この本では、1テーマにつき1見開きのワークシートで授業を進められるようになっています。そのままコピーをして使うこともできますし、設問やイラストだけを拡大コピーして、自分でワークシートを作ることもできます。

ワーク2 友達《ともだち》とのあいさつ

◆朝、友達《ともだち》に会ったときのあいさつで、いちばんいいものはどれだろう。

おはよう！
……。
おはようございます。

どうしてそう思ったのかな？

◆一緒《いっしょ》に下校した友達《ともだち》と別《わか》れるときは、どんなあいさつをすればいいのかな？

じゃあ、ぼくこっちだから。

ふり返り

あいさつって＿＿＿＿＿＿＿＿＿＿＿＿＿＿＿＿＿＿＿＿。

あいさつをすると、友達《ともだち》と＿＿＿＿＿＿＿＿＿＿＿＿＿＿＿＿。

わたしはこれから＿＿＿＿＿＿＿＿＿＿＿＿＿＿＿＿＿＿。

177

ベテラン向け

使い方 ③

ソーシャルスキルトレーニングの授業になれている人は、イラストの一部を使って、自分で問題プリントをつくってもよい。

問題1　次のあいさつで、変なところはどこかな？

おはよう！
変なところ
……。
変なところ

授業後に

使い方 ④

授業後は、ワークシートで学んだスキルを、子どもの日常生活に意識的に取り入れましょう。例えば、あいさつのスキルを学んだら、その日の帰りの会の「さようなら」のあいさつを、声の大きさや表情を意識して行うとよいでしょう。

友達《ともだち》づくりのスキル

基本編《きほんへん》

気持ちのいいあいさつをしよう

年　組　番
名前

ワーク1　1日のあいさつ

◆どんなあいさつをしているかな？　1日のあいさつをふり返ってみよう。

朝、起きたとき

朝ご飯《はん》を食べるとき・終わったとき

学校へ行くとき

朝、友達《ともだち》に会ったとき

帰り道で近所の人に会ったとき

友達《ともだち》と別《わか》れるとき

家に帰ったとき

ねる前に

ワーク2 友達《ともだち》とのあいさつ

◆朝、友達《ともだち》に会ったときのあいさつで、いちばんいいものはどれだろう。

おはよう！
……。
おはよう
ございます。

どうしてそう思ったのかな？

◆一緒《いっしょ》に下校した友達《ともだち》と別《わか》れるときは、どんなあいさつをすればいいのかな？

じゃあ、ぼく
こっちだから。

ふり返り

あいさつって＿＿＿＿＿＿＿＿＿＿＿＿＿＿＿＿＿＿＿＿。

あいさつをすると、友達《ともだち》と＿＿＿＿＿＿＿＿＿＿＿＿＿＿＿＿。

わたしはこれから＿＿＿＿＿＿＿＿＿＿＿＿＿＿＿＿＿＿。

友達《ともだち》づくりのスキル

応用編《おうようへん》

目上の人へのあいさつを知ろう

年　組　番
名前

ワーク1 先生へのあいさつ

◆先生にするあいさつで、いちばんよいものはどれだろう？

◆先生には、どんなあいさつをすればいいのかな？

朝、先生に会ったとき

職員室《しょくいんしつ》に入るとき

悪いことをしてしまったとき

お礼を言うとき

友達《ともだち》にするあいさつと、どこかちがうのかな？

ワーク2 いろいろな人へのあいさつ

◆次の場面では、どんなふうに答えればいいのかな？

学校へ来たお客さんに、職《しょく》員《いん》室《しつ》の場所を聞かれたとき

こんにちは、
職員室はどこかな？

お母さんの知り合いから電話があり、「お母さんにかわってください」と言われたとき

お母さんに
かわって
ください。

おばあさんの落としたハンカチを拾ったら、お礼を言われたとき

ほんとうに助かったわ。
ありがとう。

ふり返り

友達《ともだち》づくりのスキル

基本編《きほんへん》

楽しく自《じ》己《こ》しょうかいをしよう

年　組　番
名前

ワーク1 「自《じ》己《こ》しょうかい」を考える

◆自《じ》己《こ》しょうかいシートに、自分のことを書こう。

好《す》きな食べ物

名前

呼《よ》んでほしい「呼《よ》び名《な》」

好《す》きなテレビ番組

「好《す》きな食べ物」はたくさんあって迷《まよ》うな！
わたしは音楽が好《す》き！

好《す》きな教科

似顔絵《にがおえ》

将来《しょうらい》の夢《ゆめ》

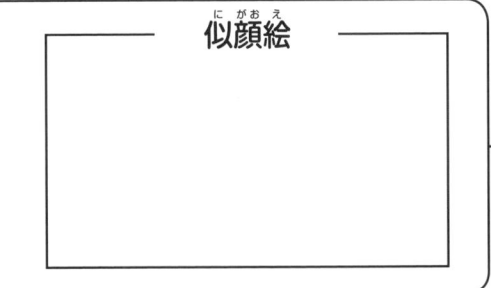

友達《ともだち》づくりのスキル

関係《かんけい》が深まる自己《じこ》しょうかいをしよう

応用編《おうようへん》

年	組	番
名前		

ワーク 1 「自己《じこ》しょうかい」を考える

◆自己《じこ》しょうかいシートに、自分のことを書こう。

好《す》きな食べ物

＜その理由＞

名前

好《す》きなテレビ番組

＜その理由＞

好《す》きな
勉強かぁ……。
将来《しょうらい》の夢《ゆめ》はダンサー！
習っている子
いるかな…。

好《す》きな教科

＜その理由＞

呼《よ》んでほしい「呼《よ》び名《な》」

将来《しょうらい》の夢《ゆめ》

＜その理由＞

友達《ともだち》づくりのスキル

新しい友達《ともだち》をつくろう

年　組　番	
名前	

ワーク１　初《はじ》めて会った子とのあいさつ

◆こんなふうに話しかけられたら、どう思う？

なれなれしく話しかける

なあ、
夕べのサッカー
見た～？

→ 相手はどう思うだろう？

とつぜん名前を聞く

ねえねえ、
なんて名前？

→ 相手はどう思うだろう？

自己《じこ》しょうかいしてから、名前を聞く

わたしは
山下ゆう。
前は１組
だったの。
あなたは？

→ 相手はどう思うだろう？

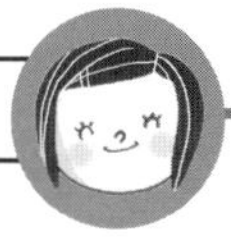

◆「第一印象《いんしょう》」って何だろう？

ワーク2 もっとおたがいのことを知る

◆名前を聞いた後、どんな話をしたり、どんなことを聞けば、
もっと仲《なか》よくなれるかな？

趣味《しゅみ》のこと

住んでいる所のこと

好《す》きな食べ物のこと

好《す》きなスポーツのこと

お気に入りの持ち物のこと

その他

ふり返り

友達《ともだち》づくりのスキル

仲《なか》よしグループに入れてもらおう

年	組	番
名前		

ワーク 1 グループに気持ちよく入れてもらう

◆どうやって仲間《なかま》に入る？

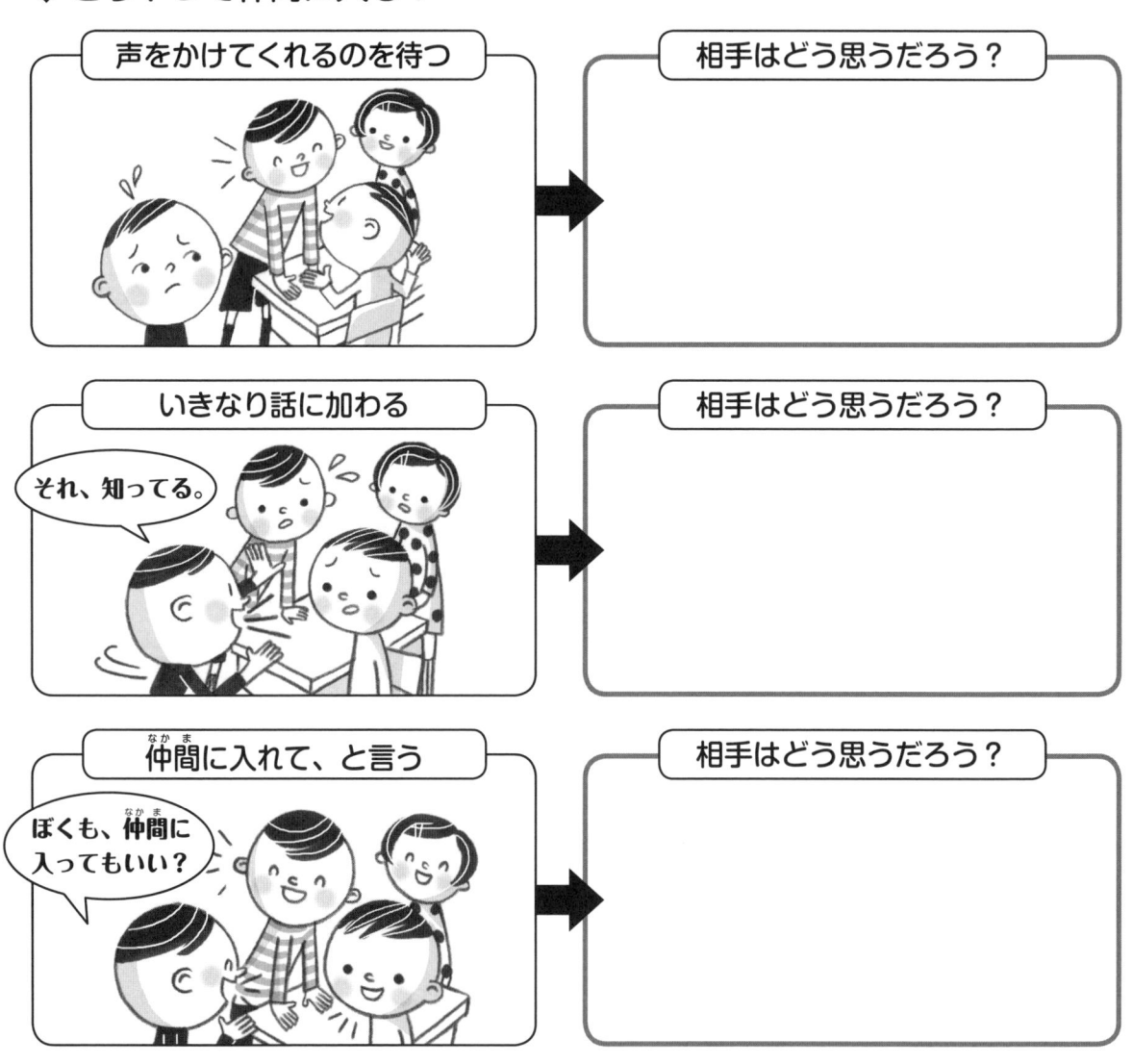

声をかけてくれるのを待つ

→ 相手はどう思うだろう？

いきなり話に加わる

それ、知ってる。

→ 相手はどう思うだろう？

仲間《なかま》に入れて、と言う

ぼくも、仲間《なかま》に
入ってもいい？

→ 相手はどう思うだろう？

◆上の３つのうち、どれがいちばんいい方法《ほうほう》だと思う？　その理由は？

ワーク2 グループの子と、もっと仲《なか》よくなる

◆みんなが仲《なか》よくなりたいと思うのは、どんな子かな？

ルールや約束《やくそく》を守って遊ぶ子 □

負けちゃった。
よし、ぼくがおにだ！
キャ

好《す》きな子をひとりじめして遊《あそ》ぶ子 □

○○ちゃん
あっちで遊ぼう！

つまらなそうにしている子 □

……。

話をよく聞いてくれる子 □

でさ、
ひどいんだよ！
ふんふん、
それで？

人の話を聞かず自分だけしゃべる子 □

ぼくさー…
ぼくはね…
ぼくって…

自分勝手に遊ぶ子 □

いいだろ！ あと１回
OKにしようぜ！
アウト
だったぞ。

ふり返り

友達《ともだち》づくりのスキル

友達《ともだち》と会話を続《つづ》けよう

年　　組　　番	
名前	

ワーク1　相手が話しやすいふん囲《い》気《き》をつくろう

◆楽しく会話を続《つづ》けるために、どんな聞き方をすればいい？

ただだまって聞く

……

相手はどう思うだろう？

相づちをうちながら聞く

うんうん
どうなった?!

相手はどう思うだろう？

相手の話を聞かず、自分が話す

きのうね…
それより
聞いてー！
すごいのー！

相手はどう思うだろう？

◆上の３つのうち、どの聞き方がいいと思う？　その理由は？

ワーク2 やり取りを続《つづ》けよう

◆友達《ともだち》と話していたとき、意見がくいちがったよ。どの答え方がいいかな。

みんなで
野球やろうよ！
野球なんていやだよ。
フットサルがいい！
Aくん

さそったAくんは、どう思うかな？

みんなで
野球やろうよ！
本当はフットサルを
やりたいんだけど……。
う～ん……。
いいよ。
Aくん

さそったAくんは、どう思うかな？

みんなで
野球やろうよ！
いいね！ でも、
人数が少ないから
フットサルも
いいんじゃない？
Aくん

さそったAくんは、どう思うかな？

ふり返り

相手の気持ちを考えるスキル

ふわっと言葉・ちくっと言葉

年　　組　　番	
名前	

ワーク1 ふわっと言葉・ちくっと言葉

◆言われた人はどんな気持ちになるかな？

これ、手づくりなの。
えー、なんかダサイよー。

これは……　　　言葉

こんな気持ちになるよ。

まだ、さか上がりができないんだ。
だいじょうぶだよ。

これは……　　　言葉

こんな気持ちになるよ。

◆自分が言われた「ふわっと言葉」と「ちくっと言葉」を書いてみよう。

ふわっと言葉

ちくっと言葉

ワーク2 ふわっと言葉で会話をしよう

◆相手に「ふわっと言葉」をかけてみよう。

転んで、ビリになってしまった友達《ともだち》に

重たい荷物を持っている友達《ともだち》に

初めて二重とびができた友達《ともだち》に

ふり返り

相手の気持ちを考えるスキル

相手の気持ちを想像《そうぞう》しよう 基本編《きほんへん》

年　組　番	
名前	

ワーク１ 失敗《しっぱい》してしまった友達《ともだち》の気持ちを考える

◆バケツの水をこぼしてしまった友達《ともだち》に、次のような言葉をかけたら、友達《ともだち》はどんな気持ちになるかな？

あ

言われた人の気持ちは……

なにやってんだよ！
早く片《かた》づけろよー。
あっ

この後２人は、どうなったかな？

い

言われた人の気持ちは……

だいじょうぶ？
片《かた》づけるの、手伝《てつだ》うよ。
あっ

この後２人は、どうなったかな？

ワーク2 相手の気持ちにそった声かけを考える

◆次のとき、なんて声をかけたらいいかな。友達《ともだち》の気持ちを想像《そうぞう》して、考えてみよう。

ドッジボールで失敗《しっぱい》した友達《ともだち》

どんな気持ちかな？

なんて声を
かけたらいいかな？

賞状《しょうじょう》をもらった友達《ともだち》

どんな気持ちかな？

なんて声を
かけたらいいかな？

リレーで負けて、くやしがってる友達《ともだち》

どんな気持ちかな？

なんて声を
かけたらいいかな？

ふり返り

相手の気持ちを考えるスキル

相手の気持ちを想像《そうぞう》しよう 応用編《おうようへん》

年　組　番

名前

ワーク 1 気持ちに合った表情《ひょうじょう》を知る

◆次のような気持ちのとき、どんな表情《ひょうじょう》をしているかな？　まゆ毛、目、口をかいてみよう。

表情《ひょうじょう》のポイントはどこだろう。

表情《ひょうじょう》のポイントはどこだろう。

表情《ひょうじょう》のポイントはどこだろう。

表情《ひょうじょう》のポイントはどこだろう。

ワーク2 相手の表情《ひょうじょう》から心の声を想像する

◆友達《ともだち》はどんな気持ちかな？　表情《ひょうじょう》に注目して想像《そうぞう》してみよう。

はさみ貸《か》して！
う〜ん……。
どうぞ……。
Aさん

Aさんの気持ちは？

テスト、
何点だった？
……。
Bさん

Bさんの気持ちは？

どうしたの！
なんでもない……。
Cさん

Cさんの気持ちは？

ふり返り

相手の気持ちを考えるスキル

泣《な》いている友達《ともだち》を なぐさめよう

年　組　番
名前

ワーク1 泣《な》いている子への接《せっ》し方を考える

◆泣《な》いている友達《ともだち》がいるよ。3人のうち、どの子の接《せっ》し方がいいだろう。

泣《な》いている。
でもぼくのせいに
されたらいやだから、
放っておこうっと。
どうしたの？
ぼくでよかったら
話を聞くよ。
男のくせに泣《な》いている～。
わーい、わーい。
みんなあいつ泣《な》いているぜ！
Aさん
Bさん
Cさん

・いちばんいいのは、＿＿＿＿＿＿さんです。

・その理由は ＿＿＿＿＿＿＿＿＿＿＿＿＿＿＿＿＿＿＿＿。

ワーク2 落ちこんでいる子に声をかける

◆友《とも》達《だち》が落ちこんでいるよ。あなたなら、どう声をかける？

①

②

③

ふり返り

相手の気持ちを考えるスキル

伝《つた》わりやすい注意の仕方を考えよう

年　　組　　番	
名前	

ワーク 1 相手に伝《つた》わる注意の仕方を知る

◆さわいでいる子がいるよ。3人のうちどの子の接《せっ》し方がいいだろう。

Aさん
Bさん
Cさん
ドッジボールのチーム分けをしたいと思います。

Aさん
お前らうるさいんだよ！静《しず》かにしろ！

Bさん
うるさいけど、文句《もんく》を言われるからだまっていよう。

Cさん
司会者《しかいしゃ》の話が聞こえないから、
静《しず》かにしてくれない？

◆さわいでいた2人は、どんな気持ちがしたかな？

Aさん の言葉を聞いて…

Bさん の様子を見て…

Cさん の言葉を聞いて…

ワーク2 声のかけ方を考える

◆こんなとき、どう声をかけて注意する？

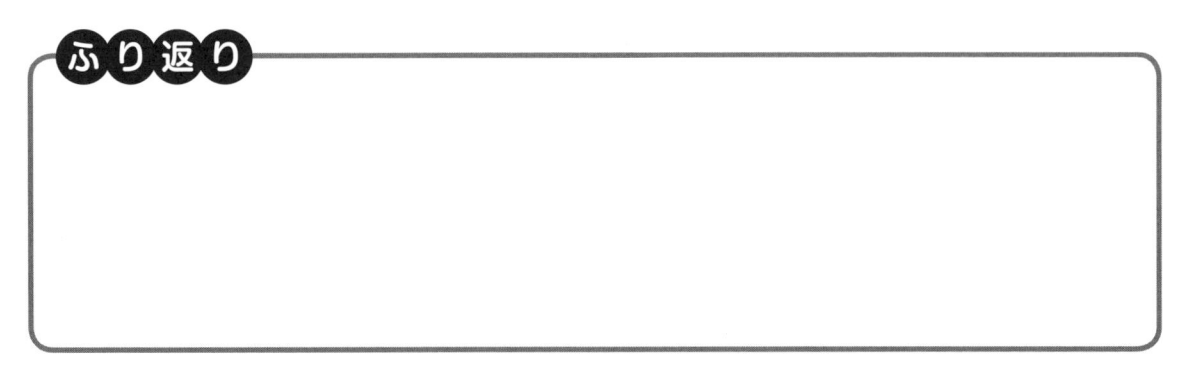

危険《きけん》なことをしている友達《ともだち》に

友達《ともだち》がからかわれているのを見て

ふり返り

相手の気持ちを考えるスキル

受け取りやすい断《ことわ》り方をしよう

年　　組　　番	
名前	

ワーク 1 感じのいい断《ことわ》り方を知る

◆次の日に用事があるAさん、Bさん、Cさん。それぞれの断《ことわ》り方について、どう思うかな？

◆さそった友達《ともだち》は、どんな気持ちがしたかな？ 

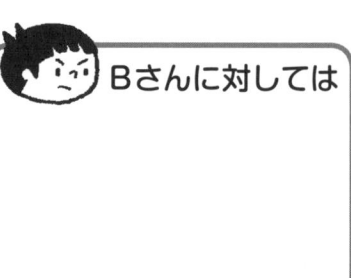

 Aさんに対しては	 Bさんに対しては	 Cさんに対しては

ワーク2 上手な断《ことわ》り方を考える

◆こんなとき、どうやって断《ことわ》ったらいいのかな？

本を読みたいのに、サッカーにさそわれたとき

いっしょに
サッカーやろうよ。

使っている色えん筆を、貸《か》してと言われたとき

その色えん筆、
貸《か》して！

ふり返り

相手の気持ちを考えるスキル

けい帯《たい》電話・メールのマナーを覚《おぼ》えよう

年　　組　　番
名前

ワーク１ やってはいけないことを知る

◆やってはいけないことわかるかな。いけないことに×印《じるし》をつけよう。

- バスに乗っているときに電話がかかってきたので、電話に出て話をした。 □
- お見まいに行ったときに、病院に入る前にけい帯《たい》の電源《でんげん》を切った。 □
- 朝早く目が覚《さ》めたので、ひまつぶしに友達《ともだち》にメールをした。 □
- 大事な用事を伝《つた》えるのを忘《わす》れてしまったので、友達《ともだち》にメールをした。 □
- 友達《ともだち》にメールを出したが、返事が来ないので、５分おきに何度もメールを出した。 □
- 電話をかけたときに、「今、お話できますか。」と相手にたずねた。 □
- 歩きながら、けい帯《たい》電話でゲームをした。 □
- けんかをして頭にきたので、相手の子にいやがらせのメールを送った。 □
- けい帯《たい》電話をなくしたので、すぐに家の人に相談した。 □
- 知らない人からメールが来たので、待たせると悪いと思ってすぐに返信《へんしん》した。 □
- お父さんのけい帯《たい》電話が置《お》いてあったので、お父さんに断《ことわ》らずにゲームをした。 □
- インターネットのけい示板《じばん》のアンケートに、自分の電話番号を書きこんだ。 □

ワーク2 公共《こうきょう》のマナーについて考える

◆次にあげるルールやマナーは、どうして守らなくてはならないのかな。
理由を考えてみよう。

図書館でけい帯《たい》電話の
電源《でんげん》を切る。

理由は……

自転車に乗りながら
電話をしない。

理由は……

本屋さんで、雑誌《ざっし》の
写真をとらない。

理由は……

人の写真を、勝手に
とらない。

理由は……

友達《ともだち》の連《れん》らく先を、
勝手に教えない。

理由は……

知らない番号からの
電話に出ない。

理由は……

ふり返り

自分の気持ちを伝《つた》えるスキル

遊びや活動に友達《ともだち》をさそおう

年　組　番	
名前	

ワーク1　さそいやすい子を見つける

◆サッカーをしたいとき、どの子をさそったらいいかな？　○をつけよう。

本を読んでいる子

ほかの子と遊んでいる子

ほかの遊びをしている子

一人でサッカーをしている子

先生と話している子

急いでいる様子の子

選《えら》んだ理由を書こう

◆いいと思うさそい方はどれだろう？　○をつけよう。

そんなのやめて
サッカー
やろうよ。

一人足りないんだ。
よかったら
いっしょにやらない？

おい！
サッカーやるぞっ！

ワーク2 電話での上手なさそい方

◆夏休み。電話で、友達《ともだち》を学校のプールにさそってみよう。

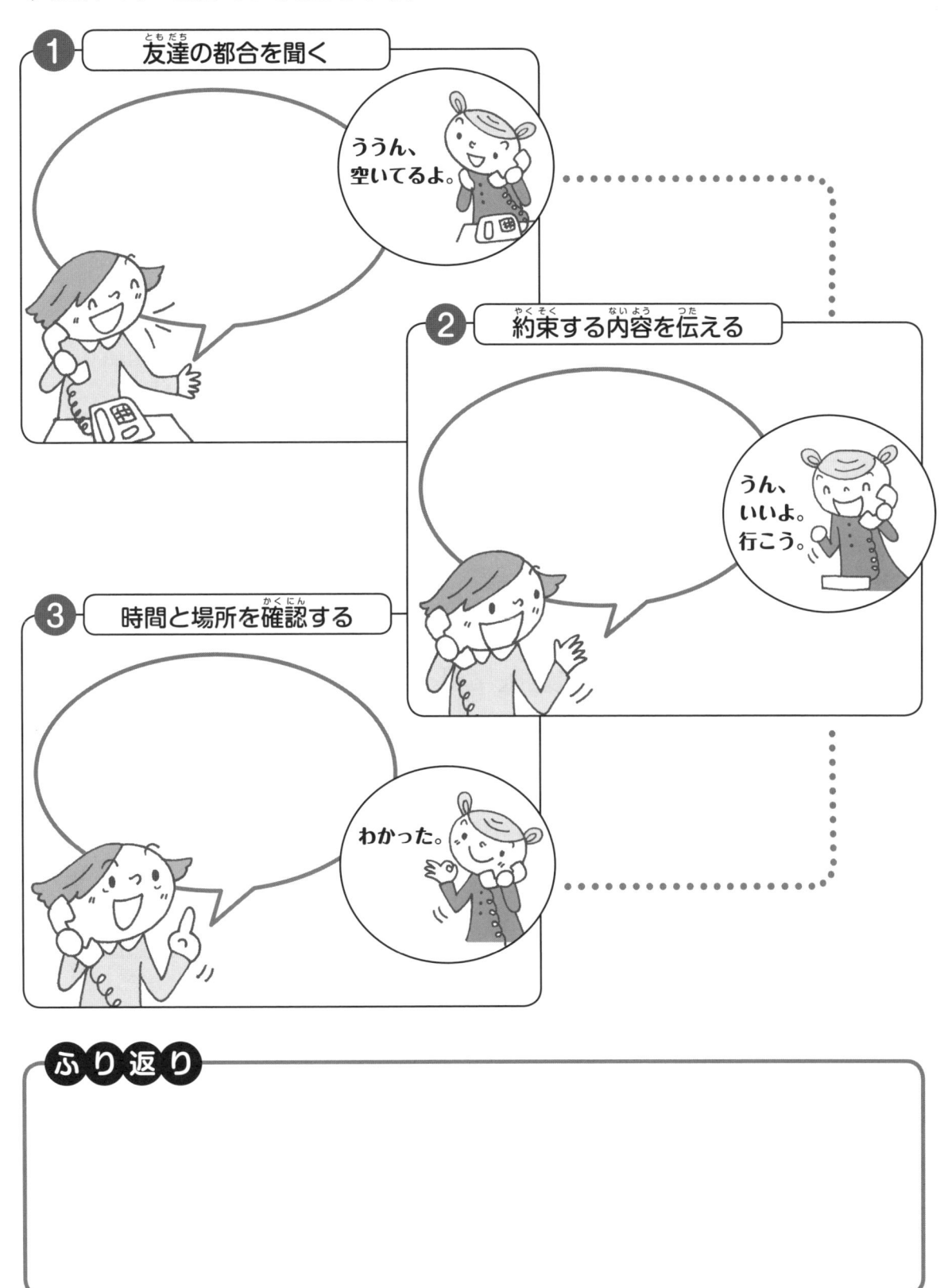

❶ 友達《ともだち》の都合を聞く

ううん、
空いてるよ。

❷ 約束《やくそく》する内容《ないよう》を伝《つた》える

うん、
いいよ。
行こう。

❸ 時間と場所を確認《かくにん》する

わかった。

ふり返り

自分の気持ちを伝《つた》えるスキル

集団《しゅうだん》の中で提案《ていあん》できるようになろう

年	組	番
名前		

ワーク 1 ほかの人に伝《つた》わりやすい言い方を知る

◆ クラスで秋祭りで行う出し物について話しているよ。どの人の発言の仕方がいちばんよいかな。

○○小秋まつり
クラスの出し物について
日直
去年は合唱《がっしょう》だったので、今年は劇《げき》がいいと思います。
うーん、合唱《がっしょう》もいいけど、劇《げき》もいいかも……。
絶対《ぜったい》合唱《がっしょう》だよ!!
ボンッ
Aさん
Bさん
Cさん

・いちばんいいなと思ったのは、＿＿＿＿＿＿＿さんの伝え方です。

・その理由は ＿＿＿＿＿＿＿＿＿＿＿＿＿＿＿＿＿＿＿＿＿＿。

◆ 意見を言うときには、どんなことに気をつければいいかな？ 声の大きさや言い方に注目して、考えてみよう。

ワーク２ 提案《ていあん》するときの正しいやり方

◆レクリエーションについて話しているよ。「大なわとびをしよう」と提案《ていあん》するとき、何と言ったらいいかな。

① 手を挙《あ》げて、名前を呼《よ》ばれてから席《せき》を立つ

② ほかの人に聞こえる声で、自分の意見を言う

③ どうしてそう思うのか理由を伝える

ふり返り

自分の気持ちを伝《つた》えるスキル

相手を傷《きず》つけずに自分の意見を言おう

年　　組　　番	
名前	

ワーク１　相手が傷《きず》つかない言い方を考える

◆Ａさんが、遊びの提案をしているよ。

今度の日曜日、プールに行かない？
Aさん
うーん、プールでいいんじゃない。
Bさん
児童館《じどうかん》がいいけれど…。
えー、絶対《ぜったい》、児童館《じどうかん》のほうがいいよー。
Cさん
プール、楽しそう。でも雨が降《ふ》りそうだから、今回は、児童館《じどうかん》でもいいかもね。
Dさん

◆Ａさんがいちばん傷《きず》つく言い方をしているのはだれかな。それはなぜだろう。

◆Ａさんがいちばん受け入れやすい反対意見はどれかな。それはなぜだろう。

ワーク2 友達《ともだち》とちがう意見を伝《つた》える

◆友達《ともだち》と意見がちがうとき、どう伝《つた》えたらいいかな。

クラスのお楽しみ会で、班《はん》の出し物を決める

うちの班《はん》は手品をやらない？
えっ、クイズをやりたいな。

休み時間にする遊びを決める

みんなでドッジボールしようよ。
今日は大なわとびがしたいな……。

お祭りのえん日で、何をするか決める

わー、金魚すくいしようよ。
おなかが減《へ》ったから、何か食べたい。

ふり返り

自分の気持ちを伝《つた》えるスキル

きちんと謝《あやま》ろう 基本編《きほんへん》

年　組　番	
名前	

ワーク 1 相手の気持ちを考えよう

◆友達《ともだち》の言葉で、おこっている子や傷《きず》ついている子はだれだろう？
○をつけよう。

①

太ってるね。
毎日どれくらい
ご飯《はん》食べてるの？

②

ペン、貸《か》せよ！

③

100 点取るなんて
すごいね！

④

借《か》りた本、返すね。
あんまりおもしろく
なかったけれど。

⑤

お土産《みやげ》ありがとう。
すごくおいしかったよ。

⑥

そんな問題が
まだできないの？

ワーク2 ミスをしたらすぐに謝《あやま》る

◆こんなとき、どんなふうに謝《あやま》ればいいだろう？

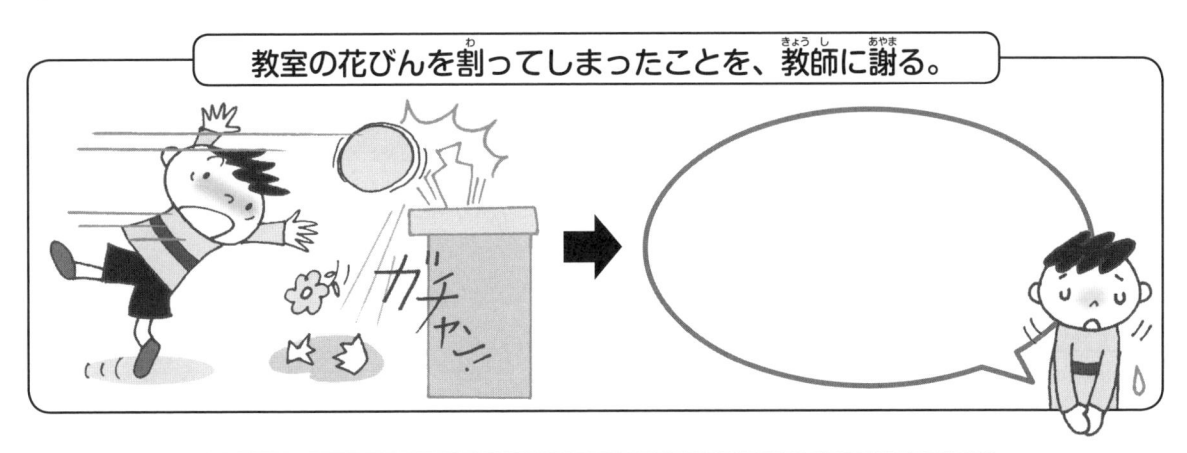

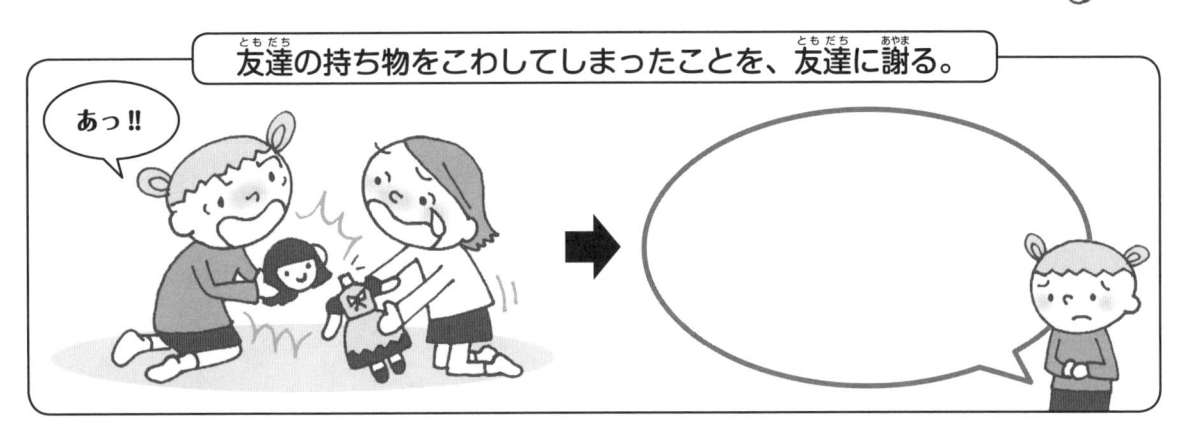

教室の花びんを割《わ》ってしまったことを、教師《きょうし》に謝《あやま》る。

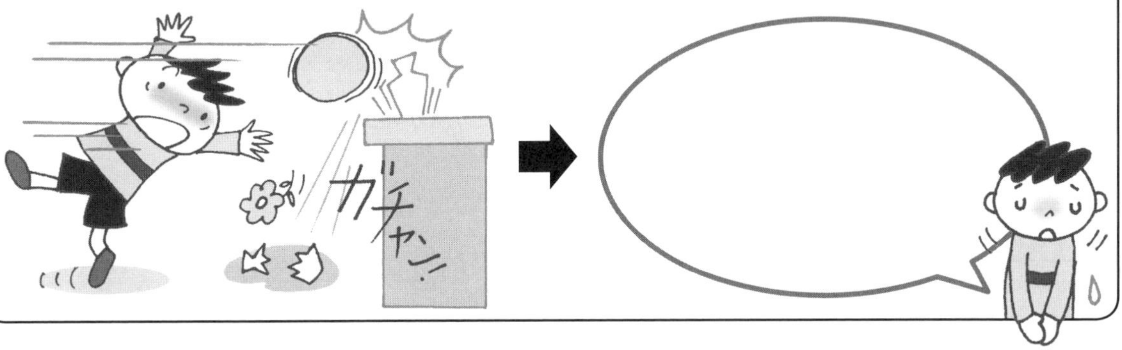

ろう下を走っているところを注意され、教師《きょうし》に謝《あやま》る。

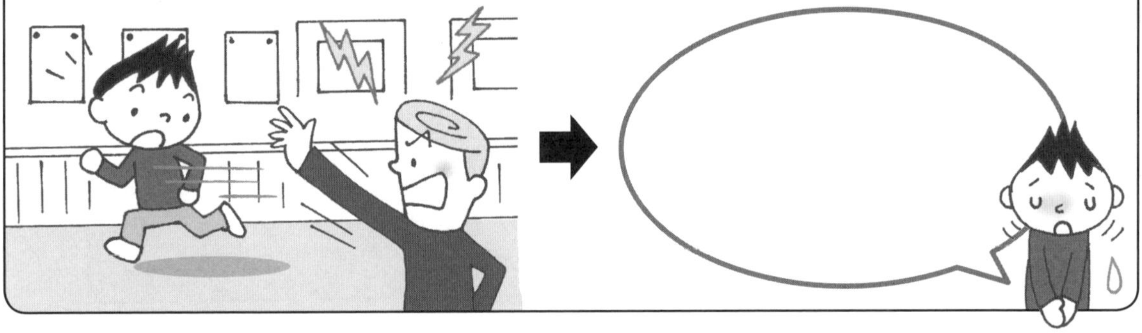

友達《ともだち》の持ち物をこわしてしまったことを、友達《ともだち》に謝《あやま》る。

ふり返り

自分の気持ちを伝《つた》えるスキル

きちんと謝《あやま》ろう 応用編《おうようへん》

年	組	番
名前		

ワーク1 悪気がなくてもちゃんと謝《あやま》ろう

◆次の中で、相手をおこらせたり、いやな思いにさせているのはどれかな。○をつけよう。

バスがおくれて、10分ち刻《こく》した。

待たせてごめんね！

□

グループ発表で担当《たんとう》するところを調べていない。

悪いけどその日は
休んでいたから、そのことは
聞いていないよ。

□

後ろ向きに歩いていて、人にぶつかった。

気がつかなかったんだから、
仕方ないだろう！
どん！
いたい！

□

友達《ともだち》の足に水をかけてしまった。

ごめんね。だいじょうぶ？
つめたい！

□

ワーク2 時間がたってからの謝《あやま》り方

◆こんなとき、どんなふうに謝《あやま》ればいいかな？

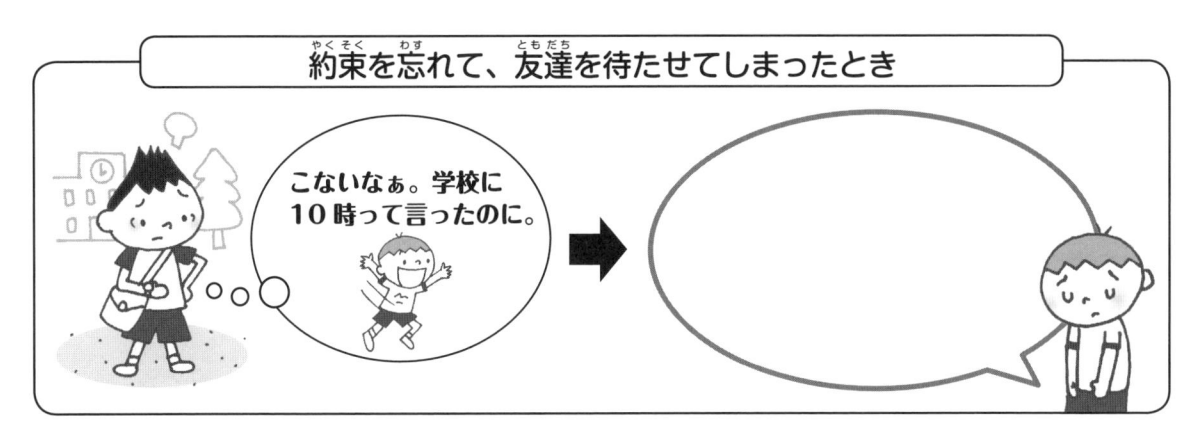

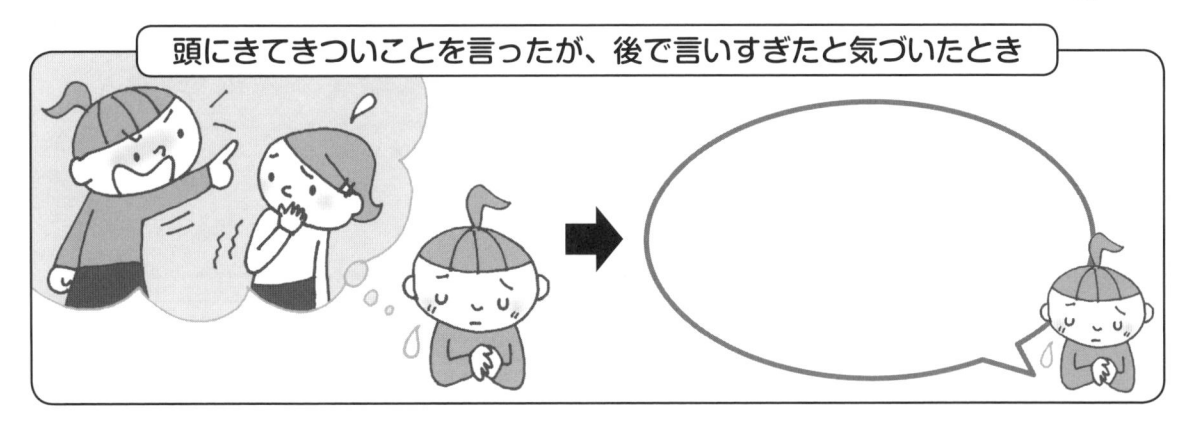

約束《やくそく》を忘《わす》れて、友達《ともだち》を待たせてしまったとき

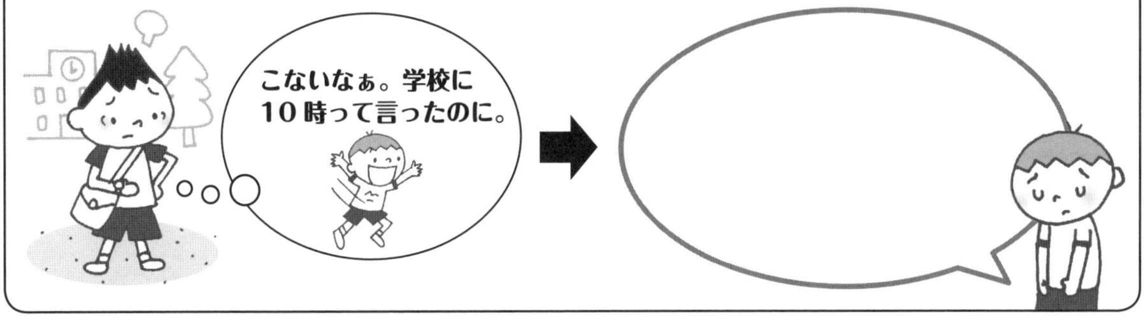
こないなぁ。学校に
10時って言ったのに。

友達《ともだち》に借《か》りていたゲームソフトを、なくしてしまった

ない!
ない!!

頭にきてきついことを言ったが、後で言いすぎたと気づいたとき

ふり返り

自分の気持ちを伝《つた》えるスキル

困《こま》っている人を助けよう

年　組　番
名前

ワーク１　困《こま》っている人に気づく

◆この人は、どんなことに困《こま》っているのかな。

困《こま》っていること

困《こま》っていること

困《こま》っていること

困《こま》っていること

困《こま》っていること

困《こま》っていること

ワーク2 声のかけ方を学ぶ

◆どんなふうに、声をかければいいかな。

バスで立っているお年《とし》寄《よ》りに

消しゴムを探《さが》している友《とも》達《だち》に

一人でポスターをはれずに困《こま》っている友《とも》達《だち》に

ふり返り

自分の気持ちを伝《つた》えるスキル

上手にたのみごとをしよう

年　組　番
名前

ワーク1 一人でできないときは？

◆先生から、教材《きょうざい》の入った重い箱を教室に運ぶようたのまれたよ。
一人では運べないときは、どうしたらいいのかな？

これ、次の時間までに教室に運んでおいてくれる？
はい。
どうしよう。絶対《ぜったい》一人じゃ運べないよ。困《こま》ったな。
時間かかるし、大変《たいへん》だけど、一人でやるしかないな……。
そうだ、忘《わす》れたふりして、運ぶのやめよう。
あそこでおしゃべりしている子たちに手伝《てつだ》ってもらおう！

◆選《えら》んだ理由を考えてみよう

ワーク2 お願いしてみよう

◆となりの子が持ってきた新しい筆箱を見せてもらいたいとき、どうたのんだらいいかな？ 上手なたのみ方に○をつけよう。

・・・
チラッ

おい、見せろよ！

新しいの買ったんだね。よかったら見せてもらえる？

ちょっと見せて～。

◆友達《ともだち》の新しい自転車を借《か》りたいと思っているとき、どんなたのみ方をしたらいいだろう？

＜たのみ方＞

＜断《ことわ》られたときは……＞

ふり返り

感情《かんじょう》をコントロールするスキル

自分の感情《かんじょう》や気持ちに気づこう

年　　組　　番
名前

ワーク 1　気持ちと体の変《へん》化《か》を知る

◆次の気持ちになるとき、体はどうなるかな？

おこっているとき

顔は……

胸《むね》は……

体は………

その他

悲しいとき

顔は……

胸《むね》は……

体は……

その他

楽しいとき

顔は……

胸《むね》は……

体は……

その他

くやしいとき

顔は……

胸《むね》は……

体は……

その他

ワーク2 自分の感情《かんじょう》を感じる

◆こんなふうに言われたら、どんな気持ちになるだろう。

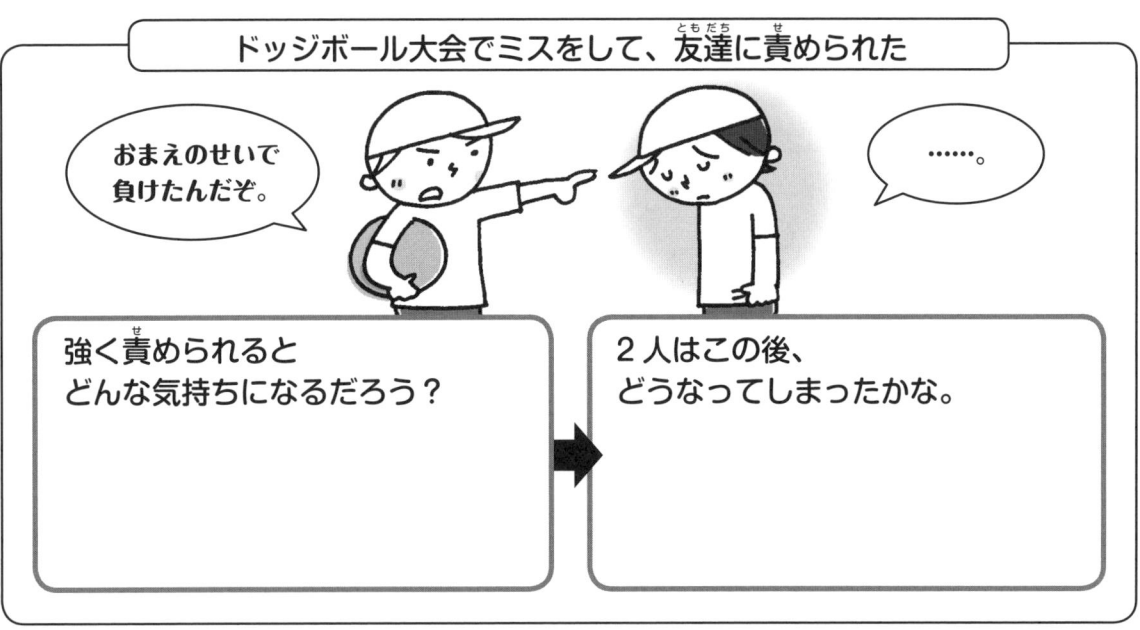

ドッジボール大会でミスをして、友達《ともだち》に責《せ》められた

おまえのせいで
負けたんだぞ。
……。

強く責《せ》められると
どんな気持ちになるだろう？

➡

2人はこの後、
どうなってしまったかな。

上手にかけた絵を破《やぶ》かれたのに、謝《あやま》ってもらえなかった

あっ、
私《わたし》のせいじゃ
ないもん!!
あっ……！

謝《あやま》ってもらえないとき、
どんな気持ちになるだろう？

➡

2人はこの後、
どうなってしまったかな。

ふり返り

感情《かんじょう》をコントロールするスキル

感情《かんじょう》をがまんできる人になろう

年　組　番
名前

ワーク１ 気持ちを想像《そうぞう》する

◆こんなふうに気持ちをばく発している子を見ると、どう感じるかな？

ささいなことでキレる子

今日のテスト、できた？
うるさいな、あっち行けよ！

→ それを見て、どう思う？

ちょっとしたことで泣《な》く子

早くしろよ～。
……。

→ それを見て、どう思う？

真けんな場面で笑《わら》い出す子

えんぴつはふり回さないこと！
プッ

→ それを見て、どう思う？

ワーク2 友達《ともだち》に「がまん」のアドバイス

◆気持ちをばく発させてしまう友達《ともだち》に、どんなアドバイスをする？

いつもささいなことですぐおこり出すAさん。つな引きの練習で前の子に足をふまれて、激《はげ》しくおこり、相手を泣《な》かせてしまいました。いつも、後になって反省《はんせい》しています。

アドバイス

自分の意見が通らないと、すぐにふてくされてしまうBさん。クラスの話し合いでサッカーをすることになったのに、ドッジボールがやりたかったBさんはいつまでも不きげんなままです。

アドバイス

ふり返り

感情《かんじょう》をコントロールするスキル

いやな気持ちを切りかえよう

年　組　番
名前

ワーク1 自分の考え方のくせを知る

◆朝、あいさつをしたのに、返事がなかったよ。あなたなら、どう思うかな。

おはよう。
……。

友達《ともだち》にあいさつしたのに、返事をしてくれなかったよ

なんで無視《むし》するの!?

さらに
こんな気持ちになる。

私《わたし》、何かしたかな？

さらに
こんな気持ちになる。

あれ？
聞こえなかったのかな？

さらに
こんな気持ちになる。

ワーク2「気持ちチェンジ」名人になる

◆あなたならどうやって気持ちをチェンジする？

テストで
失敗《しっぱい》しちゃった。

マイナス
プラス

リレーで
ぬかされた。

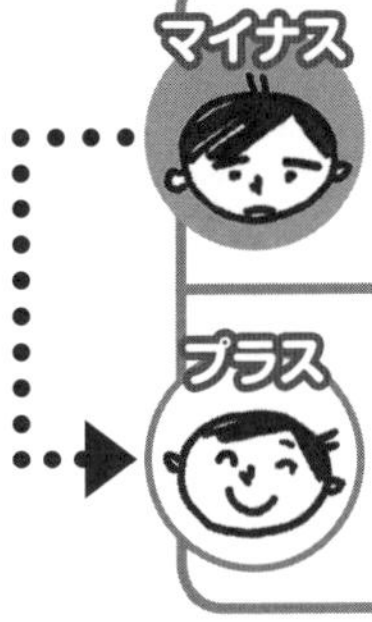
マイナス
プラス

友達《ともだち》に
今日は遊べないと
言われた。
ごめんね

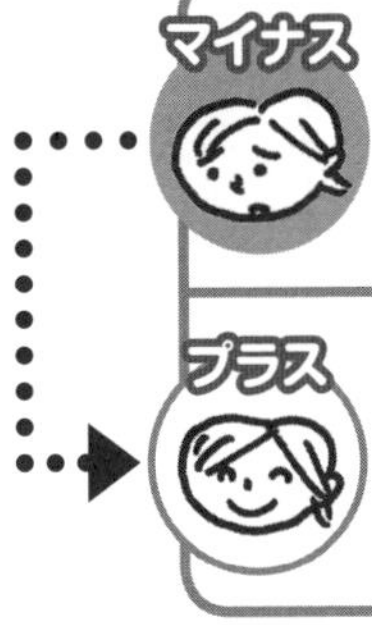
マイナス
プラス

あなたの気分の変《か》え方を書きましょう。

ふり返り

感情《かんじょう》をコントロールするスキル

「気持ち」を言葉で伝《つた》えよう

年　　組　　番

名前

ワーク1　伝《つた》え方を選《えら》ぶ

◆友達《ともだち》に、気にしていることを言われたよ。それぞれ次のように言い返すと、2人はその後どうなるだろう。

①

おまえって本当に
足がおそいなあ。
なんだよ、
ムカつく!!
くやしい！

カッとなって言い返したよ。
この後2人はどうなったかな？

②

おまえって本当に
足がおそいなあ。
そうかも
しれないけれど、
気にしているから
言わないで。
がまん！

「いやだ」という自分の気持ちを、
やさしい言葉で伝《つた》えたよ。
この後2人はどうなったかな？

◆2つの場面のちがいはどこだろう。

ワーク2 上手に気持ちを伝《つた》える

◆「いやだ」と思う気持ちを、言葉で伝《つた》えてみよう。

呼《よ》ばれたくないあだ名で呼《よ》ばれたとき

こんなふうに伝《つた》える。

失敗《しっぱい》したことを責《せ》められたとき

こんなふうに伝《つた》える。

自分のものを勝手に使われたとき

こんなふうに伝《つた》える。

ふり返り

感情《かんじょう》をコントロールするスキル

くやしさをエネルギーに変えよう

年　組　番	
名前	

ワーク1　くやしさの受け止め方を考える

◆テストで1問だけ間ちがえて、100点をのがしてしまったよ。
それぞれ次のテストの結果はどうなったか考えてみよう。

98
100

こんな気持ちになったよ。

なんだよ。むかつく！

くやしい！
次は絶対《ぜったい》100点取るぞ！

くやしい！あんなに
がんばったのに……。

次のテストはどうなるかな？

次のテストはどうなるかな？

次のテストはどうなるかな？

ワーク2 くやしい気持ちをチェンジする

◆くやしい気持ちを「やる気」にチェンジしてみよう。どうすればよいかな。

ちくしょう！
試合《しあい》で負けた！

「やる気に」にチェンジ！

もぉ！ 検定試験《けんていしけん》に
受からなかった！

「やる気に」にチェンジ！

思った通りに
絵がかけない！

「やる気に」にチェンジ！

ふり返り

チャレンジ編《へん》①

自分を好《す》きになろう

年　組　番
名前

ワーク 1　自分のいいところを認《みと》める

◆当てはまるものを、○で囲《かこ》もう。

やさしい	明るい	親切	おもしろい	勇気《ゆうき》がある
頭がいい	かわいい	かっこいい	足が速い	落ち着いている
運動が得意《とくい》	き帳面	まじめ	元気がある	おしとやか
がんばりや	素直《すなお》	おおらか	だれとでも仲《なか》よし	前向き
おだやか	はきはきしている	思いやりがある	正直である	しっかりもの
負けずぎらい	個性的《こせいてき》	記おく力がいい	がまん強い	物知り
しん重	たよりになる	好《こう》き心《しん》おうせい	センスがいい	笑顔《えがお》がいい
手先が器用《きよう》	ゆったりしている	社交的《てき》	リーダー的《てき》	サポート上手
あきらめない	堂々《どうどう》としている	よく気がつく	何にでも チャレンジする	熱血《ねっけつ》

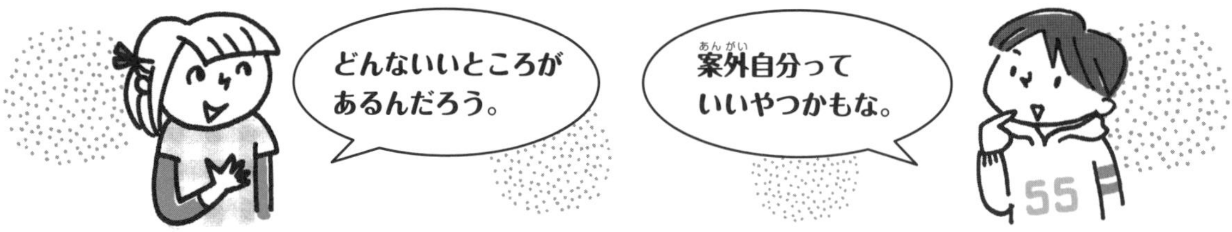
どんないいところがあるんだろう。
案外《あんがい》自分っていいやつかもな。
55

◆なりたい自分を、上の中から２つ選《えら》ぼう。理由も書いてみよう。

・なりたい私《わたし》のイメージは、＿＿＿＿＿＿＿＿と＿＿＿＿＿＿＿＿です。

・その理由は＿＿＿＿＿＿＿＿＿＿＿＿＿＿＿＿＿＿＿＿＿＿＿＿。

ワーク2 友達《ともだち》のいいところを認《みと》める

◆友達《ともだち》のいいところを見つけて伝《つた》えよう。

みりょくカード

＿＿＿＿＿＿＿＿＿＿ さんのいいところ

やさしい	明るい	親切	おもしろい	勇気《ゆうき》がある
頭がいい	かわいい	かっこいい	足が速い	落ち着いている
運動が得意《とくい》	き帳面	まじめ	元気がある	おしとやか
がんばりや	素直《すなお》	おおらか	だれとでも仲《なか》よし	前向き
おだやか	はきはきしている	思いやりがある	正直である	しっかりもの
負けずぎらい	個性的《こせいてき》	記おく力がいい	がまん強い	物知り
しん重	たよりになる	好《こう》き心《しん》おうせい	センスがいい	笑顔《えがお》がいい
手先が器用《きよう》	ゆったりしている	社交的《てき》	リーダー的《てき》	サポート上手
あきらめない	堂々《どうどう》としている	よく気がつく	何にでも チャレンジする	熱血《ねっけつ》

ひと言メモ

◆友達《ともだち》が書いてくれたメモを見てみよう。どんな気持ちがするかな？

チャレンジ編《へん》②

計画を立て目標《もくひょう》を達成《たっせい》しよう

年	組	番
名前		

ワーク１ 達成《たっせい》できる計画を立てよう

◆Ａくんは計画を立てたが、３日しか続かなかったよ。どうしてだろう。

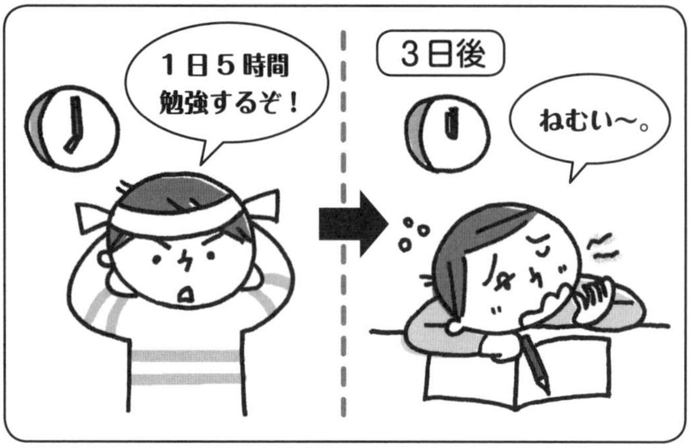
1日5時間勉強するぞ！
3日後
ねむい〜。

ここが問題

1年分の計画を立てた！
3日後
1年は長いなぁ。あきちゃったよ。

ここが問題

漢字検定《けんてい》1級に合格《ごうかく》するぞ！
3日後
難《むずか》しすぎて、無理《むり》……。
漢字
1級

ここが問題

ワーク2 一週間の計画を立てる

◆一週間で達成《たっせい》できる目標《もくひょう》と、計画を立ててみよう。立てたら、実践してみよう。

目標《もくひょう》

曜日	計画《けいかく》	ふり返り

PROFILE

岩澤一美《いわさわかずみ》

星槎《せいさ》大学大学院教育実践研究科教授
学校心理士
学校心理士・准学校心理士資格認定委員

宮澤学園（現「星槎学園」）高等部教務部長、星槎国際高等学校教務部長、星槎中学校（不登校生徒等教育特区認定校）教頭、星槎大学専任講師を経て、現職。中等教育に必要な支援教育をカリキュラム化し、特別ではない「特別支援教育」を実践。現在は、全国の小・中学校の教師向けに、発達障害の子どもに対する支援や指導法、また、ソーシャルスキルトレーニングの指導法を教える。ソーシャルスキル研修会の講師としても、全国を駆け回る。教師向けだけでなく、発達障害の子どもをもつ保護者の支援にもあたっている。

STAFF

カバー・本文デザイン
佐藤舞＋牧村玲（ブリュッケ）

ワークシートデザイン
稲富麻里（WILL）

カバーイラスト
今井久恵

本文イラスト
今井久恵・岡本典子・植木美江・
堀内さゆり・大島未来

編集・制作
安部優子・大島三菜子（WILL）

編集協力
橋本明美

DTP
稲富麻里・鶴田利香子・里村万寿夫（WILL）

校正
藤田順子

編集担当
遠藤やよい（ナツメ出版企画株式会社）

ナツメ社Webサイト
https://www.natsume.co.jp
書籍の最新情報（正誤情報を含む）はナツメ社Webサイトをご覧ください。

本書に関するお問い合わせは、書名・発行日・該当ページを明記の上、下記のいずれかの方法にてお送りください。電話でのお問い合わせはお受けしておりません。
・ナツメ社webサイトの問い合わせフォーム
　https://www.natsume.co.jp/contact
・FAX（03-3291-1305）
・郵送（下記、ナツメ出版企画株式会社宛て）
なお、回答までに日にちをいただく場合があります。正誤のお問い合わせ以外の書籍内容に関する解説・個別の相談は行っておりません。あらかじめご了承ください。

クラスが変《か》わる！ 子《こ》どものソーシャルスキル指導法《しどうほう》

2014年4月10日　初版発行
2024年9月10日　第14刷発行

監修者　岩澤一美《いわさわかずみ》
発行者　田村正隆

Iwasawa Kazumi, 2014

発行所　株式会社ナツメ社
東京都千代田区神田神保町1-52 ナツメ社ビル1F（〒101-0051）
電話　03（3291）1257（代表）　FAX　03（3291）5761
振替　00130-1-58661

制　作　ナツメ出版企画株式会社
東京都千代田区神田神保町1-52 ナツメ社ビル3F（〒101-0051）
電話　03（3295）3921（代表）

印刷所　株式会社リーブルテック

ISBN978-4-8163-5587-5
Printed in Japan
〈定価はカバーに表示しています〉
〈落丁・乱丁本はお取り替えします〉